対人関係構築プロセス
の
会話分析

今田 恵美

大阪大学出版会

目　次

第 1 章　対人関係構築と会話分析 …………………………………… *1*

第 1 節　留学生と日本人学生の関係構築の課題 ……………… *3*

第 2 節　成員カテゴリー化と関係構築 ………………………… *6*

第 3 節　会話分析と関係構築 …………………………………… *7*

第 4 節　本書の構成 ……………………………………………… *8*

第 2 章　異文化間コミュニケーションにおける対人関係構築研究の展開 …………………………… *11*

第 1 節　関係構築に関する先行研究 …………………………… *13*

第 2 節　異文化間コミュニケーションに関する先行研究 …… *25*

第 3 節　本書の課題 ……………………………………………… *36*

第 3 章　研究方法と会話資料
― 日常会話を対人関係構築の視点から分析すること ― … *39*

第 1 節　会話分析 ………………………………………………… *41*

第 2 節　分析資料 ― 留学生と日本人学生の通時的日常会話データ ― ……………………………………………… *61*

第 4 章　自己紹介場面に見る関係構築 …………………… *69*

- 第 1 節　関係構築の第一歩としての自己紹介 ………………… *71*
- 第 2 節　自己紹介に関する先行研究の検討 …………………… *72*
- 第 3 節　分析方法 ………………………………………………… *74*
- 第 4 節　分析 1 ― 新入生歓迎会での自己紹介 ― ………… *77*
- 第 5 節　分析 2 ― 自己紹介に期待するものと場の制約 ― … *91*
- 第 6 節　まとめ ………………………………………………… *106*

第 5 章　褒めと自己卑下の変化に見る関係構築 …………… *109*

- 第 1 節　「褒め」が対人関係構築に果たす役割 ……………… *111*
- 第 2 節　「褒め」と「自己卑下」に関する先行研究 ………… *113*
- 第 3 節　「褒め」と「自己卑下」の分析方法 ………………… *116*
- 第 4 節　「褒め」と「自己卑下」の分析と考察 ……………… *118*
- 第 5 節　まとめ ………………………………………………… *142*

第 6 章 「遊びとしての対立」に見る関係構築 …………… 145

- 第 1 節 「遊びとしての対立」が関係構築に果たす役割 …… 147
- 第 2 節 先行研究の検討 ―「悪口」はどのようにして「冗談」になるのか ― …………………………………………… 148
- 第 3 節 分析方法 ……………………………………………… 150
- 第 4 節 分析と考察 ―「冗談関係」の構築プロセスと「からかい」の対象 ― …………………………………… 153
- 第 5 節 まとめ ― 冗談関係の構築、成員カテゴリー化 ― … 183

第 7 章 結論 ― 円滑な対人関係構築に向けて ― ……………… 185

- 第 1 節 本書の課題と成果 …………………………………… 187
- 第 2 節 今後の課題と展望 …………………………………… 194
- 第 3 節 終わりに ……………………………………………… 198

あとがき ………………………………………………………… 201
初出一覧 ………………………………………………………… 204
参考文献 ………………………………………………………… 205
人名索引 ………………………………………………………… 214
事項索引 ………………………………………………………… 215

第1章

対人関係構築と会話分析

第1節　留学生と日本人学生の関係構築の課題

　近年、我が国では高等教育の国際競争力強化、国際的に活躍できる高度人材の育成を目指し、さまざまな取り組みが行われている。2008年文部科学省をはじめとする関係省庁は、2020年を目途に30万人の留学生受け入れを目指す「留学生30万人計画」の骨子を策定した[1]。また、2012年には、国内主要12大学が留学生の円滑な交換を進め、大学の国際化を加速させるべく、世界の大学においてグローバルスタンダードとなっている秋入学への移行検討に着手した[2]。こうした流れを受けて、国内の留学生数は増加の一途をたどっており、2013年5月現在13万5519人にのぼっている[3]。今後、いっそうの留学生数増加が見込まれるとともに、留学生と日本人学生が肩を並べて切磋琢磨しあう学習環境がのぞまれていることは言うまでもない。

　ところが、このような国際化のための環境整備のいっぽうで、留学生と日本人学生の関係構築に関しては円滑に進んでいない現状がある。留学生と日本人学生の友人関係における自己開示度を調査した横田（1991）では、留学生は留学生に、日本人学生は日本人学生に、より深く自己開示を示しており、留学生

---

1) 文部科学省ホームページ「平成20年度の報道発表」―「留学生30万人計画」骨子の策定について― 参照（http://www.mext.go.jp/b_menu/houdou/20/07/08080109.htm）2015年2月3日アクセス
2) 日本経済新聞web刊「秋入学、東大など12大学が初会合　懇話会が発足」（2015年2月3日記事）参照（http://www.nikkei.com/news/category/article/g=96958A9C889DE6E3E3E1EBE6E0E2E2EAE2E7E0E2E3E09180EAE2E2E2;at=DGXZZO0195592008122009000000）2015年2月3日アクセス
3) 独立行政法人日本学生支援機構ホームページ「平成25年度外国人留学生在籍状況調査について―留学生受け入れの概況―」参照（http://www.jasso.go.jp/kouhou/press/press140325.html）2015年2月3日アクセス

と日本人学生はあまり親しくなっていないこと、留学生の対日イメージも来日後直線的に悪化していくことが述べられている。また、留学生が日本人学生とのコミュニケーションに悩みを抱え、疎外感を覚えていることを報告している例もある（佐藤, 2010）。その孤独感から留学の継続を断念し、帰国を選択する学生すらいる。さらに、日本人学生の側も心理的な壁や生活スタイルの違いに阻まれて留学生と交流を持つことができない実態も明らかにされている（Hanami, 2004）。このような状況は、当事者たちにとっても、グローバル化戦略を掲げる日本にとっても憂慮すべき事態である。

　以上のような背景から、留学生と日本人学生の関係構築阻害要因に関する研究は幅広くさまざまな分野で行われてきた。心理学の分野では、留学生の異文化適応スキルに注目したもの（田中・藤原, 1992; 湯, 2004 他）や、留学生と日本人学生のコミュニケーションの際の心的過程（意識的配慮[4]）に注目したもの（一二三, 2006）などが存在する。これらは、当事者である留学生あるいは日本人学生の心理的要因・性格的要因に問題解決の糸口を求めようとするものである。また、社会言語学の分野では、談話分析等、実際の言語行動から行動の様子を抽出する分析手法も多く用いられており、その観点も、会話のプロセスの構造、話題、スピーチレベルシフト、会話スタイルの違いなど多岐にわたっている（張, 2007 p.96）。これらは関係構築阻害要因を、会話参加者である留学生と日本人学生の社会文化的属性の違いに求めているが、ここにいくつかの疑問が生じる。

　第一に、心理学の分野における研究の多くは質問紙調査や面接調査により行われており、まさに捉えるべきダイナミックな関係構築の過程そのものに焦点をあててはいないということである。第二に、社会言語学的研究の多くは、特に初対面会話を中心とした実験室的な会話のサンプルをデータとしており、留学生と日本人学生の実際のコミュニケーションの現場を捉えているとは言いが

---

4) 意識的配慮とは、「異言語話者同士の出会う接触場面で、ある言語を媒介語として、コミュニケーションを遂行するために施される意識面での調整」（一二三, 2006 p.27）を指す。

たいということである。つまり、条件を統一したうえで調査協力者を募り、その場限りの接触場面[5]の初対面会話等をデータとしているものが多いのである。第三に、友人関係が日々のありふれた日常的な会話を通して、時間をかけて構築されていくものだとするならば、上記のような研究はそのダイナミックなプロセスに触れてはおらず、通時的な視点が欠けているといえる。第四に、関係構築の阻害要因を当事者たちの社会的属性の違いに求めることは、森本（2004）も述べているように「それらの属性が喚起する、いわゆるステレオタイプの再生産につながる(p. 10)」という危険性をはらんでいる。そして最後に、これまでの研究のほとんどは関係構築の阻害要因に焦点をあてており、促進要因となる現象には光があたっていないということである。これらの研究の最終的な目的が、留学生と日本人学生の円滑な関係構築に示唆を与えるということにあるならば、彼らが会話という相互行為を通して関係を構築していこうと指向するまさにその様相を注視し、円滑な関係構築のための会話の装置を明らかにすることも必要ではないだろうか。

　本書の出発点は以上のような問題意識に立脚するものである。従来の横断的研究、実験室的研究では見落とされてきた個別具体的な彼らがおかれた状況、そして積み重ねていく歴史が、留学生と日本人学生の日々繰り返されるありふれた会話の中にいかに反映されており、そしてそのことがいかに関係構築に貢献していくのか。従来の固定的な属性を前提とした研究では見えなかった、彼ら自身が「何者として」会話に参与し、どのような関係を構築することを指向していくのか。その通時的かつダイナミックなプロセスそのものを明らかにしたい。

　そのためには、彼ら自身の日常会話の中に、彼ら自身の関係構築への指向を読み解いていく必要がある。本書は、一見何の秩序もないように見える日常会

---

[5] 接触場面とは「『外国人場面』（ネウストプニー, 1981）としても知られ、一般的に母語場面（native situation）と区別されて、異なる言語、文化背景を持つ参加者間のインターアクション場面を示している（ファン, 2006)」。

第 1 章　対人関係構築と会話分析

話の中に不変的な構造を見出してきた会話分析（Conversation Analysis）の立場に立ちつつ、「褒めと自己卑下」、「からかい」といった人々のフェイス[6]にかかわる現象の通時的な記述と分析を通して、彼らの関係の構築や更新がどのような会話の装置を用いてなされているのかを明らかにする。それと同時に、彼らがその現象において「何者として」会話に参与しようとしているのかを、Sacks（1972）が考案した成員カテゴリー化装置（Membership Categorization Device）を用いて明らかにしていく。成員カテゴリー化装置は、性や民族、社会的地位といった固定的属性によらず、会話参与者の発話ごとに更新され変化するダイナミックなカテゴリーを示しうるものである。具体的な議論に入る前に、本章では、成員カテゴリー化装置と対人関係構築のかかわり、そして会話分析を用いて関係構築プロセスを分析することについて若干の整理をしておきたい。

第 2 節　成員カテゴリー化と関係構築

　成員カテゴリー化装置の基本概念そのものについては第 3 章にて詳述するが、ここでは、これまで接触場面会話研究において成員カテゴリー化装置がどのように利用されてきたかを概観することによって、本書の位置づけを明確にしたい。
　成員カテゴリー化装置とは、Sacks（1972）が、社会の成員がどのような方法に従って成員のそれぞれを種類や範疇に選り分けているか、そのような範疇化がどのような活動と結びついているかを探求し、定式化したものである。人は複数のカテゴリーの担い手である（たとえば、日本人、大学院生、女性、大

---

6) フェイス（Face）とは、「認知されているいろいろな社会的属性を尺度にして記述できるような、自分をめぐる心象（ゴッフマン, 2002 p. 5）」を指す。

阪人など）と言えるが、どのようなカテゴリーが前景化するかはその都度相互行為によって決定され、更新される。わたしが「日本人」であることはいつも正しいが、相互行為において「日本人」であることが常にレリヴァント（関与的）であるかどうかは別の問題である。たとえば、研究課題についての悩みを同級生に打ち明けるとき、「日本人」であることは必ずしもレリヴァントであるとは言えない。

　従来、社会言語学の分野で事実異文化に属する者同士が行うという理由で「異文化間コミュニケーション」であるとされてきたものが、成員カテゴリー化装置を用いることで、「異文化間」であるということそれ自体が相互行為的に達成されるものとして研究の対象となった（西阪, 1997）。この成員カテゴリー化装置は、日本における接触場面のコミュニケーション、異文化間交流の実態を分析するために利用されてきた（森本, 2001；吉川, 2001；高, 2003；杉原, 2010 他）。しかし、これらの研究が明らかにしてきたのは「母語話者」と「非母語話者」、「教師」と「生徒」といった対照的なカテゴリー対とそこに見られる権力関係が中心であった。つまり、非対称な関係性を暴くための装置として成員カテゴリー化装置が用いられてきたと言ってよい。

　しかし、本書では、むしろ留学生と日本人学生が相互行為を通して「同じカテゴリーの担い手」であり「仲間」としてふるまう現象のほうに注目したいと考える。つまり、彼らが固定的な属性を越えて、「仲間」としての関係を構築しうる不変的な会話の装置を見出すことが1つの目的である。

 ## 第3節　会話分析と関係構築

　会話分析は、日常会話の中に不変的な構造や秩序を見出していく分野である。Schegloff（2007）は、今日の会話分析の主要な6つのテーマとして、以下のものを挙げている。

1. ターンテイキング組織（the "turn-taking" problem）
2. 行為の構成（the "action-formation" problem）
3. 連鎖組織（the "sequence-organizational" problem）
4. トラブル（the "trouble" problem ）
5. 語彙の選択（the word-selection problem）
6. 全般的な構造的組織（the overall structural organization problem）

(Schegloff, 2007 p. xiv)

それぞれについての詳述はここでは避けるが、これらはいずれも文脈を越えて一般化できる構造である。これらの装置を、対人関係の構築に役割を果たすものという観点から捉えることはできないだろうか。これまで、対人関係にかかわりを持つフェイスと連鎖構造のかかわりについては、笑い（Jefferson, Sacks & Schegloff, 1987）や褒め（Pomerantz, 1978）の分析等で明らかにされてきた。これらは会話参与者間の関係の構築にかかわる装置であると言えよう。本書では、これらの装置の用いられ方の変化を特定の個別具体的な文脈と通時的な時間軸の中で分析することによって、関係構築のプロセスを記述する。

第4節　本書の構成

ここで、本書の構成を紹介しておきたい。

最初に、第2章において留学生と日本人学生の関係構築プロセスに関する先行研究について概観する。具体的には、「関係構築」をどのように捉えるかという視点から、心理学の分野における社会浸透理論（"Social Penetration Theory" Taylor & Altman, 1987）と社会言語学の分野における Svennevig を中心とした関係構築を相互行為そのものであるとする説との比較を通して、筆者の立場を明らかにする。次に、異文化コミュニケーション、接触場面会話研究が従来どの

ように捉えられてきたかという点について、「外国人」-「日本人」等の異文化性は固定的な属性であると捉えてきた対照研究、接触場面研究と、そのような属性は相互行為を通して交渉されうるものであるとする会話分析を中心とした研究を比較した上で、本書が後者に研究の軸足を置くものである根拠を述べる。そして、これらの先行研究を踏まえた上での課題について示す。

第3章では、実際に留学生と日本人学生の関係構築プロセスを紐解き、記述していくために、なぜ会話分析の手法が適切であると言えるのかを会話分析の成立過程とその方針に関連付けて述べ、その基本概念、成員カテゴリー化装置、会話分析とフェイスとのかかわり等について言及した後、研究対象となるフィールド、具体的な分析手順等について論述する。

第4章から第6章は、留学生と日本人学生の実際の日常会話データから関係構築プロセスの分析を行う。

第4章では、出会いの初期の留学生と日本人学生のグループの新入生歓迎会での自己紹介場面における成員カテゴリー化に注目する。自己紹介とは、「その集団内でどのように見られ、扱われたいか」を表す、当の集団内で他のメンバーと関係を作る上で重要な契機となる最初の自己同定化作業と言える。この場において彼らが自分自身をどのようにカテゴリー化しているのかについて分析、検討する。

第5章では、留学生と日本人学生の関係構築に深いかかわりをもつ「褒め」と「自己卑下」をめぐる成員カテゴリー化の通時的な変化について検証する。そして、彼らの「褒め」と「自己卑下」が個別具体的な彼らのおかれた環境や、積み重ねていく歴史を反映した上で行われていること、これらの現象が彼らのグループ内でのカテゴリーの構築に寄与していることを示す。

第6章では、「褒め」と一見相反する行為に見える悪口が冗談として行われることによって関係構築に寄与する現象、つまり「遊びとしての対立（大津, 2004）」[7] に焦点をあてる。章の前半では、フェイス侵害の危険性も含むから

---

7)「遊びとしての対立」（大津, 2004）とは、「本来は『対立する関係』で行われるはずの発話や行為が遊びで行われる、つまり否定されることによって逆に『親しい関係』が導かれる。このようなごっこことしてフレーム付けされた対立 (p.46)」のことである。

かいを、グループ内で頻繁に行うようになるプロセスに絞り、そのようなからかいが許容される冗談関係（"Joking-relationship" Radcliffe-Brown, 1952）の構築過程を明らかにする。章後半では、からかいが、メンバーそれぞれのグループ内で醸成されるカテゴリーを対象として行われることに注目し、果たしてどのようなカテゴリーがその対象となるのか、そして、そのカテゴリーはどのように構築されるのかについて明らかにする。

第7章では、結論として第6章までの分析と考察をまとめるとともに、本研究から得られた知見の社会的意義及び今後の展望について述べる。

本書で示す結果は、留学生と日本人学生の対人関係構築研究、接触場面研究の領域に、通時的かつ個別具体的な文脈を取り入れることの重要性を指し示すことができるであろう。また、関係構築のプロセスを連鎖構造まで含めて明らかにすることによって、日本語教育分野における会話教材開発や異文化トレーニング教材の開発に応用可能となることが見込まれる。

第 2 章

異文化間コミュニケーションにおける対人関係構築研究の展開

第1節　関係構築に関する先行研究

1. 対人関係構築とは

　第1章において、留学生と日本人学生の関係構築が円滑に進んでいないという現状に触れたが、では、対人関係を構築するとはどういうことであろうか。初対面の者同士が知り合い、友人関係に至るには、どのような方法・プロセスが必要になるのだろうか。本項では、以下 Svennevig (1999) が *Getting Acquainted in Conversation* 第2章（pp. 7-62）においてこれまでの心理学・社会学における対人関係構築についての考え方をもとに展開した議論を紹介しながら、本書におけるその捉え方を整理し、続いて、ゴッフマンの議論を取り上げる。

　従来、対人関係構築について、伝統的な心理学の分野では自己開示（self-disclosure）が鍵概念となり、いっぽう社会学の分野では自己呈示（self-presentation）が鍵概念となってきた。自己開示とは、自分自身の態度、意見、パーソナリティー等の自分自身の情報を他者に対して示していくことを指し（徳井・桝本, 2006）、相互に自己開示を行うことによって、対人関係が発展していく。この場合、自己は不変かつ個人的で本質的なものであるという前提に立つ。Taylor & Altman (1987) は、このような自己観に基づき、「社会浸透理論（"Social Penetration Theory" Taylor & Altman, 1987）」という対人関係の親密化を考えるうえでのアプローチを提唱した。このアプローチにおいては、自己は知識と感情、態度の集合体と捉えられる。自己は階層構造となっており、個人的な思考、不安、価値観等からなる核の周囲を表層的かつ公的な自身に関する情報が覆っているとされる。核となる部分は傷つきやすいため開示されにく

第 2 章　異文化間コミュニケーションにおける対人関係構築研究の展開

図 1　社会浸透理論における「自己」（筆者整理による）

いが、表層的な部分はとくに開示しても傷つくようなものではない（図 1）。

同理論では、対人関係の親密化が自己開示の程度によって段階的に捉えられている。つまり、自己開示の程度が互いの関係の深さを測る尺度とされている。たとえば、配偶者間では個人的な情報を多く開示しあっているが、初対面の相手とはほとんど互いの情報を共有していない。同理論をもとにすれば、対話者が相互に得られる情報の深さ（公的なものから私的なものへ）や幅（個人的な話題について狭いところから広いところへ）によってその関係性の発展が説明される。

この理論に基づき、Knapp（1978 pp. 17-22）は、以下 5 つの段階に分け、段階的に関係性が変化していくと述べた（表 1）。

この理論は、わたしたちが日常的に他者と関係を発展させていく際の感覚とよく合致しているようではあるが、しかし、Brown & Rogers（1991）をはじめとした他の研究者からは批判を浴びている。Brown & Rogers は、「親しさ（intimacy）」とは「一体性（oneness）」を指すが、率直な自己開示はしばしば「違い（differentiation）」を生み、一体感を衰えさせるとしている（Brown & Rogers, 1991 p. 154）。確かに、自己開示が進めば、互いの相違点もまた明らかになり、食い違いが生じる機会も多くなることが想定される。さらに、自己開示と不確実性の減少へ焦点化して対人関係の発展をはかることは、情報処理のストラテジーと関係の発展を同一視しているように見え、十分であるとは言えない。そして、この理論は直観と質問紙調査をもとにしたものであり、自然かつ自発的

表1 社会浸透理論による関係発達の段階（筆者訳）

開始 （Initiating）	直接の観察や、友人や知人、本や記事等の二次的なリソースを用いて他者に関する情報を収集するストラテジーによって構成する段階。初対面はこの段階にある。
検証 （Experimenting）	実際に接触し、他者について公的な事実に関する情報を集め始める。スモールトークが好まれ、興味や経験について二者を結びつける話題を探し出すことがゴールになる。接触は限られ、カジュアルでリラックスして批判的ではない調子で行われる。
強化 （Intensifying）	パートナーは関係に関して深い関与を示す。たとえば、より私的な情報を開示したり、お互いに好意を示したりする。より間接的で特有なコミュニケーションの状態が発展する。彼らはお互いに個性を調和させあうのと同時に独自性を示しあう。
統合 （Integrating）	チームとして次第にふるまうことにより、一体化する。個人の特性のうち、あるものは共有され、あるものは共有されない。したがって各人の個性は最小化される。パートナーは共通の特性とシンボルとスタイルを得る。
結合 （Bonding）	グループが契約を結んだ公的儀礼的な状態で、他者に彼らの誓約について知らせる。制度化された彼らの関係は、安定化によってその性質を変える。社会慣習的、司法的な行為への期待と結びつく。

な会話の研究を土台としたものではないことも付記しておくべきであろう。

　以上のような、「自己開示」を鍵概念とした関係構築理論に対し、社会学の分野では「自己呈示」を鍵概念としてきた。「自己呈示」とは端的に言えば自分にとって望ましいイメージを相手に与えるためにふるまうことである。この場合、「自己」は流動的かつ社会的なものと捉えられ、ある状況においてどのようにふるまうべきかという指針や役割としてのアイデンティティと同一視される。つまり、社会学においては、関係構築を「本当の自己」を開示するということよりもむしろ、共存できるアイデンティティを構築するプロセスとして見てきた（Svennevig, 1999 p. 21）と言える。Svennevig は、社会学者 Goffman（1959）に基づき、自己とは「他者との相互行為によって社会的に構築される自己イメージ」のことであり、「開示されるものというよりはむしろ呈示され、構築されるものである」としている（Svennevig, 1999 p. 22）。ここでは、ゴッ

フマンに従って、自己イメージとは何か、どのような相互行為によって構築が可能になるのかを明確化する。

　ゴッフマンは、相互行為において呈示される自己とは、たんに個性のディスプレイではなく、ある社会的地位への欲求ではないかとした。この概念は「フェイス」と称され、「ある特定の出会いのさい、ある人が打ち出した方針[8]、その人が打ち出したものと他人たちが想定する方針にそって、その人が自分自身に要求する積極的な社会的価値（Goffman, 1967 浅野訳, 2002 p. 5)」と定義される。

　このフェイスは異なる2つの部分からなる。1つは意見や態度、感情等の属性から構成されるセルフイメージであり、もう1つは、あるテリトリー（負担から逃れる自由な行為の領域）への要求である。相互行為におけるフェイスの構築と維持は、フェイス・ワーク[9]によって行われる。しかし、フェイスは自分1人で構築できるものではなく、他者が自分にフェイスを与えてくれることに依存するしかない。自分自身でできることと言えば、伝えたい自己イメージを呈示する態度を取ることぐらいである。このことを「品行（demeanor）」と呼ぶ（Goffman, 1967 浅野訳, 2002 p. 77)。他者にフェイスを与えてもらう方法の1つは、他者から「敬意表現（deference）」を向けてもらうことである。敬意表現とは、「相手についての高い評価を適切に当の相手に対して伝える手だてになる行動（Goffman, 1967 浅野訳, 2002 p. 56)」である。この敬意表現は、回避（avoidance）儀礼と提示（presentational）儀礼からなる。回避儀礼（フェイスの侵害が起こりそうな行動を避けてもらうこと）によって、テリトリーを確認することができるし、提示儀礼（お世辞や自分自身が承認されること）によって、セルフイメージを高めることができる。多くの場合、他者にフェイスを与えることは自分のフェイスを得ることに繋がる。つまり、他者に

---

8) 方針とは、「言語行為、非言語行為の型であり、その型によって、人は自分がいる状況についての意見を表明し、またその場にいる人たちに対する評価、とくに自分自身に対する評価を表明する（Goffman, 1967 浅野訳, 2002 p. 5)」ものである。
9) フェイス・ワークとは、「自分がやっていることをフェイスと合致させるべく、その人が取るいろいろな行動（Goffman, 1967 浅野訳, 2002 p. 12)」を指す。

フェイスを与えることは相互利益に繋がる。たとえば、お世辞やプレゼントが多くの場合その返礼を期待できるように、フェイスもその返礼を期待できるというわけである。さらにゴッフマンは「自画自賛は鼻持ちならない」ということわざにあるように、自賛が厳しい制裁を受けることにも触れている。

言いかえれば、自己呈示やフェイス構築の実践は自己指向的（self-oriented）なふるまいによってなるものではなく、対話者が相互にフェイスを与えあうことによってなるものだということである。

対人関係構築がこのフェイス・ワークにより相互依存的に行われるということがゴッフマンによって述べられたが、この関係性は相互行為の行われているその時その都度機会づけられて立ち現れるものであり、心理学における社会浸透理論のように段階づけられた対人関係の発展段階を持つものではない。では、友人関係、近しい関係をどのようにはかることができるのだろうか。

Svennevig は近しい関係というのは、「相互依存（interdependense）」という鍵概念によるものではないかとしている。彼は、Ginsberg, Gottman & Parker（1986）から、友人同士が相互依存しているものとして以下の6点を挙げた。

- 交友（Companionship）：活動と会話をする集団
- 刺激（Stimulation）：興味深い情報や興奮させるもの、娯楽
- 物質的支援（Physical Support）：個人的な目標に到達するための支援
- <u>自尊心の支援／強化</u>（Ego support/enhancement）：<u>自己評価と自尊心に貢献する</u>
- 社会的比較（Social Comparison）：自らの視点や態度を判断するときの基準
- 親しさ／好意（Intimacy/affection）：個人的、私的な思考や感情を分けあう

（下線は筆者による）

そして、ここで注目すべき友情の機能として、セルフイメージを得ることを強調している。友人同士はさまざまな方法で互いの肯定的な自己評価に貢献す

る。たとえば、直接的にはお世辞を言いあったり、相手のセルフイメージを支持したりするし、間接的には互いの言うことに耳を傾けあったり、友人同士であることに感謝を示したりする。彼は繰り返し、関係構築とは自己開示のうえ真の類似点やよく似た状態を探すことではなく、互いの自己イメージに関心を向け、敬意を払い、相互行為を通して一体感のある状態を交渉することなのだとしている。

　彼は上記のことを踏まえ、社会的関係とアイデンティティに関する新たなモデルを提示した。社会的関係を、連帯感、親しさ、好意の3つの次元に分類したのである。連帯感で結びついた関係は、同等の権利と義務を規範的に要求する関係であり、親しさで結びついた関係は、お互いに関する個人的な知識を共有しているという特徴を持つ。また、好意で結びついた関係は、互いに魅力を感じているという特徴がある。これら3つの関係の次元は関連しあっていることが多いが、共起する必要はない。連帯感は同じグループに所属しているだけで生まれるが、ここに親しさや好意は必要ない。つまり、対人関係は互いの連帯感や親しさや好意によって構築される。それらは相互行為を通して構築され、維持され、発展する。場合によっては崩壊することもある。異なる対人関係は、異なる次元の連帯感、親しさ、好意を含む。知り合ったばかりのころは、最低限の連帯感と親しさを持っているが、好意をもつ必要はない。友人になれば、ある程度の好意とそれに加えて開放的かつ強いかかわりをもつ。恋人関係になれば、強い好意が要求される（表2）。

表2　異なる対人関係における社会的関係の次元（筆者訳）

次元 対人関係	連帯感 （Solidarity）	親しさ （Familiarity）	好意 （Affect）
知　人	＋	＋	＋／－
友　人	＋＋	＋＋	＋
恋　人	＋＋（＋）	＋＋	＋＋

(Svennevig, 1999 p. 36)

このモデルにおいて、Svennevig は、知人であることの最低限の条件は、互いに権利と義務と共通基盤を構築していることだとした。グループの成員が互いに好意を抱いている必要はない。最低限の義務は、知人同士が挨拶しなければならないということであり、最低限の権利は、会話に従事できるということである。

知人が友人という関係性に発展するためには、互いに好意を持ち、連帯感や親しさが強められているという証拠が必要になるが、これは、特別な関与や、そのペアに特有の個人的な情報を共有することによって認識される。特別な関与をしているということのディスプレイは自発的に象徴的なもの（親切な行為、お世辞、贈り物）を相手に提供することである。また、重要かつ私的な情報を分け合うことは、関係に独自性や特別な感覚を与える。Svennevig は、Ginsberg, Gottman & Parker（1986）から引用した友情の特徴（上記）のなかで、友人と知人とを分ける唯一の特徴は、個人的な思考と感情を分け合うことだとした。他の特徴は、程度の違いを生むにすぎない。また、知人と友人との境界はどこかということは、上記のモデルを用いても、実際の関係においても厳密に捉えることはできないとしている。上に挙げたモデル（表2）は、知人と友人との間の直観的なイメージの違いをできるかぎり明確に区別することを試みただけだということである。以下に、伝統的心理学、社会学の対人関係構築の捉え方を整理した（表3）。

このように比較を行ってみると、会話参与者の社会文化的な固定的属性によらず、相互行為を通してどのような関係が構築されるかに注目する本研究においては、不変かつ個人的で本質的な自己を想定するのではなく、Svennevig の言う流動的かつ社会的な側面としての自己、つまり、他者との相互行為によって社会的に構築される自己イメージ（＝フェイス）を扱うべきであろう。また、その自己の構築にフェイス・ワークが強くかかわることを前提に、議論を進めていきたい。

また、この表からは「友人」と「知人」との違いを測る明確な尺度、「親しさ」を測る明確な尺度は存在しないということがわかる。わたしたちの日々の生活

第2章　異文化間コミュニケーションにおける対人関係構築研究の展開

表3　対人関係構築の捉え方

	（伝統的）心理学	社会学	
「自己」とは	不変的、個人的、本質的なものである。	流動的かつ社会的なものであり、相互行為によって社会的に構築される。	
対人関係構築の方法	自己開示による。	自己呈示による。相互依存的に自己イメージに敬意を払うことによって、共存できるアイデンティティを構築する。	
関係発展の段階	相互の自己開示した情報の深さ、幅による。段階的である。	その都度の相互行為に機会づけられて立ち現れる。	Svennevig（1999）連帯感、親しさ、好意の多寡による。（これらは自発的に象徴的なものを相手に提供すること、個人的な思考と感情を分けあうことによって証拠づけられる。）

においても、この人は友人、この人は知人……というのは漠然としたイメージでしか捉えることができない。ただ、Svennevig の言うように、セルフイメージを得るために自発的に象徴的なもの（親切な行為、お世辞、贈り物）を相手に提供することよって相手に対して特別のかかわりを示すこと、そのペア（グループ）に特有の個人的な情報、思考、感情を互いに分けあっていることは、友人であること（少なくとも友人であろうとしていること）を示しているのではないだろうか。よって本書では、友人関係を以下のように定義したい。

　　　友人関係とは、互いのフェイス（自己イメージ）を守るために、特別の関与（例：お世辞を言いあう等）を示しあう関係であり、かつグループ間に特有の情報・思考・感情等を分かちあっている関係である。

ただ、彼のモデルは、あくまで人々の直観的な理解にできるだけ近づけた定義付けをしただけのものであって、対人関係が3つの次元に限定されている。

本書では、留学生と日本人学生が学生生活を共に過ごすなかで、連帯感や親しさを強めながら友人関係を構築していくことを想定したうえで（そのような関係が構築されない可能性も視野に入れつつ）、さらに相互行為を通してその都度どのような関係性を前景化させるのか、より具体的かつ仔細な記述に踏み込んでいきたい。そのためには関係構築方法の仔細な分析が必要になる。以下では、関係構築プロセスの分析について Svennevig の議論を紹介し、それをどのように発展させるかについて述べたい。

2. 関係構築プロセスの分析

　会話そのものからどのように関係を構築していくかを分析する方法として、Svennevig（1999）は、会話分析の手法と語用論的アプローチを 2 段階で用いることが適切であるとした。会話分析を用いれば、会話参与者自身によって指向される会話の手続きを、その発話の連鎖構造から分析することが可能になるからである。第 1 段階として、会話分析を用いて初対面の会話参与者間で頻発する現象について発話の連鎖構造を記述し、第 2 段階として、そのように描写された連鎖構造について親密化の観点から語用論的な枠組みを用いて解釈を行った。

　そのなかで「自己呈示的連鎖」「話題の披露」「サイドシークエンスと共通基盤の構築」という分析観点を提唱した。これらの現象が初対面会話のコーパスにおいて頻出し、会話参与者間で共同的に構築されており、それらのコーパスの特徴を強く示すものだったからである。彼の各分析については、張（2007 p. 101）に簡潔にまとめられている。

　「自己呈示的連鎖」とは、面識のない人と出会うときの典型的な質問とその後の返答の一連の発話である。従って、自己呈示的連鎖の出現はお互いを知りあう活動として判定できる。会話の相手に関する情報の欠如からこ

のような活動が見られ、情報の分かちあいから親しさを生み出すことが可能である。次に、「話題の披露」に関しては、話題を5つのタイプ（自己指向的話題、相手指向的話題、わたしたち指向的話題、百科事典的話題とセッティング話題）に区分し、それぞれの導入と連帯感、親しさ、好意という関係次元との関連を調べた。たとえば、個人的な話題が選択されると、フェイスの保持と親しさ・連帯感の生成に役立つ。セッティング話題は連帯感の増加に関連する。自己に関する話題は親しさに影響するが、連帯感に及ばない、などである。最後に、「サイドシークエンスと共通基盤の構築」では、サイドシークエンスを機能によって修復連鎖、モニター連鎖、誤って位置される連鎖、余談、リソース調査に分けることができるという。これらのサイドシークエンスにおける余談とリソース調査は、特に会話参与者の親しさと連帯感の構築に関係している。なぜかというと、余談は、進行中の話題に関連する会話参与者の個人的・自伝的情報がその場で要求・あるいは追加される行動であり、個人の日誌情報の提示として使われるからである。そして、リソース調査は共通知識の確立に直接かかわるもので、それによって共通コミュニティー成員が作られるからである。

(張、2007 p. 101)

以上のことから、Svennevigが、会話の内部に現れる会話参与者自身の指向を記述することによって関係構築の方法を明らかにしたことがわかった。しかし、彼が対象にしたのは、それぞれ30分から1時間程度の初対面会話のみであり、通時的な（長期的な）関係構築という視点からの分析はない。関係構築の方法が情報の分かちあいに関連するものに偏っているのも、まだお互いに対する情報が不足している初対面会話であるためだと思われる。また、（知人・友人関係という以上に）具体的にどのような関係性が前景化したかについては焦点をあてていない。本書においては、対人関係は初対面時のみでなく、一定の年月をかけてコミュニケーションを繰り返す中で醸成されるものであると捉える。したがって、初対面会話以降の関係構築についても分析する必要性があ

るだろう。同時に、知人・友人という以上にどのような関係が構築されるのかを詳述することにも取り組みたい。

長期的プロセスで見た関係構築の方法についての研究は数少ないが、中山（2003）が挙げられる。中山は、親しさを状態ではなく、プロセスと捉え、親しさの変化の過程をマクロの変化とミクロの変化に分けて論じた。マクロの変化は時間（何週間、何か月、何年）をかけた全体的な変化であり、中山はその親しさの程度に応じて「初期」「発展期」「停滞期」「後退期」に分けた。親しさの程度は時間に正比例して直線的に変化するものではなく停滞、後退なども示すことを強調している。そして、ミクロのプロセスとは、親しさがその時々のコミュニケーションでどのように変化しているかを示す。つまり、1回ごとの表現である。

中山は、日本語母語話者同士と母語話者・非母語話者ペアによる 8-9 回にわたる会話（研究対象を明示されない状況での実験室的環境で行われたもの）をデータとして、以下、6つの観点からマクロの変化の分析を行った。①コミュニケーションの始め方②会話のやり取りとそのパターン③会話の内容④使用する文体⑤言語随伴行動、非言語行動、言語外行動⑥コミュニケーションの問題解決手段としての訂正行動の6つである。

中山は、各項目において、実験のセッションごとの量的変化について分析を行っている。会話参与者のどちらから話しかけたかという回数、ターン数、文体（丁寧体、常体）等の回数の変化である。そしてその量的な変化について、親しさの観点から解釈を加え、マクロの変化に置き換えてグラフ化している。そのグラフによれば、その変化は、上がり下がりのあるジグザグパターンになっている。

親しさの変化を長期的なプロセスで捉えようとしている点、言語行動の変化と関係性の変化を結びつけようとしている点において、中山（2003）の研究は意欲的なものと言える。しかし、こういったターン数等の数値の変化を、そのまま親しさの程度の変化と結びつけられるのかということについては疑念が残る。また、中山は自身が考案した言語行動モデル等に基づいて会話データの分

第2章　異文化間コミュニケーションにおける対人関係構築研究の展開

析を行っており、これらは会話参与者自身の指向を描き出したものとは言えない。さらに、仮のプロジェクトを設定し、研究対象を明示していなかったとは言え、実験室的な会話を対象としているため、実際の自然なコミュニケーションを分析したものとは少し異なっていると言えよう。

　Svennevigと中山の研究は、会話そのものからどのように関係を構築していくかを分析する方法を考えるうえで、いくつかの示唆を与えてくれる。1つは、会話参与者自身が指向する会話の手続きを分析することによって、彼らの関係性に接近することの重要性である。もう1つは、親しさの程度というのは数値化が難しく、時間の経過に従って直線的に親密化するというものでもない（停滞、衰退する場合もある）ということである。これらの視点を踏襲し、関係構築のプロセスは、直線的不可逆的に親密化していく過程ではないこと、そして、「親しさ」が客観的数値化によって把握できるものではないことを前提に、会話参与者自身が指向する会話の手続きを分析することによって、彼らの関係性に接近していきたい。

　これまで、Svennevig（1999）をもとに、自己を他者との相互行為（特に互いのフェイスへの配慮）によって構築されるイメージであると捉えたうえで、友人関係を「互いのフェイス（自己イメージ）を守るために、特別の関与（例：お世辞を言いあう等）を示しあう関係であり、かつグループ間に特有の情報・思考・感情等を分かちあっている関係である。」と定義した。以上のことから、対象となる留学生と日本人学生の間に友人関係が構築されることを想定し、彼らのフェイスの構築にかかわる会話の箇所から彼ら自身の指向する会話の手続きを仔細に分析することによって、関係構築のプロセスを描きだしたい。

　本書は、変容するものとしての自己を前提とする点、相互行為を通して関係が構築されるという点、会話分析によってフェイスの構築にかかわる現象を分析するという点で、Svennevigを踏襲しているが、初対面以降の通時的な関係構築プロセスを追っていくという点で新規性を持ち、（初対面に特徴的な）情報の分かちあいにかかわる方法以外の関係構築の方法が見出されると考えられる。また、セッティング場面ではなく、実際の留学生と日本人学生の日常な

会話を通時的に収録していくという点で、より個別具体的な文脈を反映した関係性を分析でき、留学生と日本人学生の交流現場等にその知見を還元することが期待できる。そのためには、「友人関係」という記述にとどまることなく、その都度の会話において会話参与者間にどのような関係性が前景化するかについて詳細に分析し、より具体的な記述に踏み込んでいくための方法が必要になってくるが、それを可能にする方法として、「成員カテゴリー化装置（Sacks, 1972）」が挙げられる。この成員カテゴリー化装置がいかに関係構築研究、特に異文化間コミュニケーションにおける関係構築研究に用いられてきたか、以下で述べる。

第2節　異文化間コミュニケーションに関する先行研究

1. 対照分析的視点から見た異文化間コミュニケーションの会話研究

　1980年代初期、ネウストプニー（1981）によって日本語教育の分野に「接触場面」という概念が導入されて以降、日本語非母語話者である留学生と日本人学生のコミュニケーションがさかんに取り上げられ、その接触場面に特有だとされるさまざまな現象が明らかにされてきた。対人関係については、一定の関係性が初期段階で決まるという前提があるため、特に初対面会話に関心が注がれてきた。このような初対面会話研究においては、「外国人」－「日本人」という属性は固定化されていることが前提となっており、異文化に属する者同士、つまり対立的カテゴリーに属する者が接触するために起きる摩擦、問題の原因を究明するという目的のもとで、談話分析の分野で会話のプロセスの構造、話題、スピーチレベルシフト、会話スタイルの違い等に注目したさまざま

な研究が行われてきているが（張, 2007 pp. 96-116）、ここでは、話題展開、話題展開ストラテジー、スピーチスタイルシフトについての研究例を紹介する。

樋口（1997）は、日本人学生同士の会話と、留学生と日本人学生の初対面会話での話題展開の違いの比較を行っている。それによると、日本人学生同士の会話では形式化された自己紹介部が存在するが、留学生と日本人学生同士の会話では、形式化された自己紹介部は存在しないということ、また、留学生と日本人学生の会話では、話題展開が多いということに言及し、このような会話ストラテジーの違いに両者が気づくことなく会話が進められた場合、結果的にお互いの関係が不安定になる危険性があると指摘している。

楊（2005）は、接触場面と母語場面という2つの初対面場面において、日本語母語話者の話題転換ストラテジーに違いがあるかどうかを分析し、話題開始ストラテジーにおいては使用率の違いには大差がなかったが、用いられる表現に差が見られ、母語場面よりも接触場面のほうが、より明示的に話題を提示する表現が用いられていたこと、また、終了ストラテジーについては全体的に接触場面で使用率が低いこと、話題終了において母語場面では会話参与者双方が複数のストラテジー（あいづち、まとめ、評価など）を用いるいっぽう、接触場面では終了ストラテジーを用いず、新しい話題を導入することによって先行話題を終了させることなどを挙げている。

母語場面と接触場面のスピーチスタイルの違いに注目したものとしては伊集院（2004）がある。伊集院は日本語母語話者が母語場面と接触場面でどのようにスピーチスタイルを選択・確立していくかをBrown&Levinson（1987）のポライトネス理論を用いて考察している。その結果、母語場面では話し手と聞き手の社会的距離の減少を契機にスピーチスタイルがシフトし、接触場面では、母語話者に対する日本語学習者のPowerの減少や、会話相手が非母語話者であると母語話者が認知したことを契機に、日本語の規範意識から解放され、スピーチスタイルシフトが起きることを明らかにしている。

以上のような研究は、異文化に属する者同士の、特に人間関係の安定しない

第 2 節　異文化間コミュニケーションに関する先行研究

初対面会話における、摩擦や誤解等のトラブルの原因を究明するという目的のもとに行われており、その原因は両者の文化差、ストラテジーの違い、そして母語場面か接触場面かという環境等に帰せられている。これらの研究は異文化理解において有益な成果をもたらすいっぽうで、ステレオタイプの再生産に繋がりかねない危険をはらむものでもある。これらの研究においては「日本人」-「外国人」という対立的なカテゴリーは固定されており、その枠組み自体が問い直されることはない。この点に疑問を呈したのは、次項において紹介する会話分析研究者である西阪（1997）である。

2.「異文化間」コミュニケーションにおけるカテゴリーの相互行為的交渉

　西阪（1997）は、（前項で紹介してきたような）従来の「異文化間コミュニケーション」を扱った研究では、そのコミュニケーションが「異文化間」のものであるという事実それ自体は問い直されず、むしろ、パラメータとして扱われていることを疑問視している。つまり、参与者間の文化差が、コミュニケーションの観察された諸特徴を説明するための根拠（原因）として扱われていることについて、問題提起しているのである。なぜなら、このような研究において、参与者たちは「異なる文化」に属しているとみなされているが、そうみなしているのはあくまで研究者であって、参与者自身ではないからである。
　西阪は「じっさい、異文化間コミュニケーションが『異文化間』であることは、研究者の想定である以前に、当事者たち自身により指向され、そしてさらに、その指向にもとづいて相互行為のありかたが（「しかるべき次第で」）特定の形をとるにいたることがある（西阪, 1997 p. 77）。」という立場から、実際の現象として「異文化」性が立ち上がる現場を記述している。
　西阪は、ラジオインタビューの会話を資料とし、日本人アナウンサー（A）が、留学生（B）に対してインタビューを行う中でそれぞれが「日本人」であ

ること、「外国人」であることを相互行為的に達成していることを、Sacks (1972) の「成員カテゴリー化装置」を用いて、両者の発言やふるまいを詳細に分析し、記述している。すなわち、成員カテゴリー化は各々の成員が潜在的に持っているカテゴリーが相互行為を通してその都度レリヴァント（relevant）になることによって達成されるのだが、ここでは、AとBが、相互行為を通して「日本人」「外国人」という対照的なカテゴリーに属するものとして、このカテゴリー対の担い手の間の関係に関する一般的な規範に従って、それぞれが「日本人」であること、「外国人」であることを達成している現象を記述している。

　この「成員カテゴリー化装置」を用いた日本語の接触場面におけるカテゴリー化研究は、その後、森本（2001）、吉川（2001）、高（2003）、杉原（2010）らによって展開されている。森本（2001）は、地域ボランティア日本語教室における日本語ボランティアと外国人の間で「先生‐生徒」というカテゴリー化が行われることで、「先生」であるボランティアが相互行為上の主導権を握り、両者の関係が単なる役割関係ではなく、権力関係につながることを指摘している。吉川（2001）は、滞日マレー人留学生を講師とする小規模講演会の質疑応答会話を資料として、会話の始めにあらわれた「マレー人」「日本人」というカテゴリーを、相互行為を通して下位分類（「若い日本人」「若くない日本人」に分類し、その場にいる「若くない日本人」である聴衆を、留学生の理解者として位置づけるなど）していくことで、留学生と友好的な関係を作ろうとする日本人の姿などを明らかにしている。高（2003）は、インドシナ難民の呼び寄せ家族として来日し、会社勤めをしているカンボジア人男性と、市役所勤めをしている日本人男性の接触場面会話を分析し、日本人男性のほうがカテゴリー化への強い管理意識を持ち、カンボジア人男性に対して自らの優位性を確立しようとしている現象などを記述している。杉原（2010）は、地域住民を対象とした相互学習型活動と大学の授業での相互学習型活動をフィールドとし、「外国人」「〇〇人」という非対称的な関係性が構築される相互行為の実態、そこから「日本人の優位性」が作られる様相を明らかにしている。そしてこのよう

な対立関係を組み替える別のカテゴリー化が生じる場合についても分析している。

以上の研究は、会話参与者のカテゴリーは固定的なものではなく、参与者同士の相互行為によって達成されるものであるという前提に立ち、実際の接触場面会話を詳細に分析し、参与者の指向としてカテゴリーが立ち現れる現象を記述している。ただ、これらの接触場面における会話研究において立ち現れたカテゴリーも「日本人－外国人」あるいは「先生－生徒」など対立的なものであり、また、その対立するカテゴリーによって生産されていく権力関係などに焦点をあてるものである。

対立的な権力関係を批判的に暴くものとしてではなく、「仲間」「同じカテゴリーの担い手」としてのふるまいや、いかにしてそれが可能になっているかを明らかにするものとして「成員カテゴリー化装置」を使用した研究は多くない。こうした研究を次項において紹介する。

3. 共有できるカテゴリーの探索

岩田（2005）は、顔見知り程度の日本語学習者と日本語母語話者の会話参加において、対称性、非対称性の様相が協働構築されるプロセスを詳細に記述した。ここでの対称性、非対称性とは「参加者による局所的（local）なレベルでの連鎖が織りなす全体的（global）な様相（Linell, 1990; Linell & Luckmann, 1991）」のことであり、参加者が自律的にやり取りに参加し、会話の維持の役目を共有して談話を展開していることを「対称的なやりとり」、一方が主導権を取り続けていることを「非対称的なやり取り」と呼ぶ（岩田, 2005 p.136）。非対称的なやり取りから対称的なやり取りへの変化のきっかけを、両者が共有できるカテゴリーを模索し、共通点を焦点化しようとした結果、両者のカテゴリーが「留学生対日本人」のような対立的なカテゴリーから「スポーツ愛好者」、「同じイベントに参加する者」という両者が共有できるものへと変化した

ことである、と述べている。このことは、両者が共有できるカテゴリーを発見し、利用しているということができよう。

このように会話において、会話参与者が共有できるカテゴリーを模索し、「同じカテゴリーの担い手」としてふるまおうとする現象については、(接触場面会話ではなく、母語場面会話であるが) Maynard & Zimmerman (1984) に詳しい。Maynard & Zimmerman は、英語母語話者の学生を対象に、友人同士の会話、初対面者同士の会話の話題導入について分析し、友人同士の場合は既に共有経験、共有知識が存在するため、それらの知識を参照することによって話題導入することが多いが、初対面者同士の場合は、両者で参照できる共有経験、共有知識が乏しいため、お互いが共有できるカテゴリー (学年、専攻、出身、現在の居住地、社会階級など) を模索し、そこから話題導入・展開することを指摘している。また、日本人学生同士の初対面会話の話題選択スキーマとストラテジーについて扱った三牧 (1999) でも、話題選択ストラテジーの1つとして、両者が共通点を探索したり、強調したりすることを挙げている。

以上のように、人が多様なカテゴリーの担い手である以上、「留学生」や「日本人学生」は、他のカテゴリーの担い手でもあり、当然、「スポーツ愛好者同士」のような同じカテゴリーの担い手としてふるまうことも可能である。この「同じカテゴリーの担い手」であることを、串田 (2001) は「共通の成員性 (co-membership 以下、「共‐成員性」)」を持つことであるとしている。

4. 共‐成員性 ―「わたしたち」としてふるまうこと―

「共‐成員性」とは、会話者たちが、互いに同じカテゴリーの担い手であるということであり、「この相手は自分の仲間だ」と示しながらふるまうことと言える。そして、「共‐成員性」は会話という相互行為を通して、会話者たちが可視化していくものである。

しかし、同じカテゴリーの担い手がたんに相互行為を行うだけで「共‐成員

性」が可視化するわけではないことを、串田（2001 p. 215）は指摘している。たとえば、2人の人物がともに「学生」であるとする。この2人が試験前に教室内で言葉を交わす。1人の学生Aが昨晩試験の不安から眠れなかったということを打ち明ける。しかし、もう1人の学生Bは試験については自信があると述べ、Aの心配を一笑に付したとしたら、AはBを「試験に自信がある学生」とみなし、自分とは異なる成員性を有する者とみなすであろう。「人々はそれぞれ多様なカテゴリーの担い手であり、また1つのカテゴリーはさらに下位カテゴリーに分類されうる（串田, 2001 p. 215）」からである。

では、「共-成員性」の可視化は、どのようにして行われるのであろうか。串田は、その形式の1つとして、会話者たちが「共通経験を語りあう」ことを通して「共-成員性」が可視化されるとしている。

「共通経験の語りあい」とは何かについて、串田はSacks（1992）の「第1の物語／第2の物語」を参照しながら述べている。「共通経験の語りあい」とは、ひとりが報告した経験（以下、「第1の物語」と呼ぶ）と、類似した経験をもうひとりが報告する（以下、「第2の物語」と呼ぶ）ことにより、「経験を分かちあう」という行為である。

しかしながら、「知識」は話し手と聞き手双方で共有が可能であるが、「経験」というのは個人が特権的に所有しうるもので、そのことを経験していない他者には「わからない」はずのものである[10]。いかにして、「共通経験の語りあい」を通して「経験を分かちあう」ことが可能になるのか。

その点についてSacks（1992）は、以下のように述べている。まず、「第1の物語」と「第2の物語」の共通性は、偶発的な共通性ではなく、「第2の物語」の語り手が操作し、達成しているものである。「第2の物語」の語り手は、「第1の物語」を分析しながら聞き、その分析を自らの「第2の物語」の産出に利用している。そして、「第1の物語」が語られている間に何らかの形で「第2の物語」を産出するための働きかけを行っている。

---

10) Sacks（1992 Ⅱ p. 244）

そして、この「第2の物語」は「第1の物語」への最も強い形での理解の証明となっている。「第1の物語」が終わった後に「わかる」「わかった」ということは理解の「主張」であって、「証明」にはならない。たとえば、友達に悩みを打ち明けた時に、「わかる」「わかった」とだけ言われても、「経験していないものにはわからない」と軽い抵抗を感じるのではないだろうか。最もよい理解の証明の仕方は、「自分もよく似た出来事に遭遇し、同じような立場で同じようにその経験をした」と述べることである。そして、この際に重要なのは類似した経験を同じ視点から語る、ということである。たとえば類似した「交通事故」を目撃者の立場で経験するのと、被害者の立場で経験するのとでは、その視点が大きく異なってくる。したがって、「共通経験の語りあい」において、会話者たちが「同じ仲間である」ことを可視化するためには類似した経験を同じ視点から同じように経験したと語ることが重要なのである。

以上、Sacks（1992）の論点を整理すると、「共通経験の語りあい」とはひとりの「第1の物語」の後に、もうひとりが類似した「第2の物語」を語ることである。そして、この類似性は、「第2の物語」の語り手が操作することによって達成可能になる。この「第2の物語」は「第1の物語」の理解の証明となる。また、この「類似性」は、ただ同じような出来事について報告することによって達成されるのではなく、同じ立場で同じようにその出来事を経験したと報告することによって達成される。

さらに、串田（2001）では、「共‐成員性」が可視化されるのはこのように「共通経験がある」ことを報告することによるものだけでなく、ひとりの経験が語られたとき、他の会話参与者が「共通経験の不在」を報告することによっても可視化されるとしている。つまり、「自分にも同様の経験がある」ことを報告することだけでなく、「自分には同様の経験がない」ことをことさらに報告するのも、ひとりの経験を、同じカテゴリーのメンバーとして「自分にもあてはまりうるもの」として聞いたということの証明となっているからである。すなわち、「共通の経験がない」ことは「共‐成員」であることを直ちに掘り崩すものではない。

第2節　異文化間コミュニケーションに関する先行研究

　串田は、Sacks（1992）も指摘していることであるとしながら、以下のように述べている。

> 　特定のカテゴリーを利用してふるまうことと、共 - 成員性を利用してふるまうことは独立のことなのである。ある場所に集まった人々の共 - 成員性は、その場で何が適切なふるまいであるかを知るために、それ自体として参与者によって指向されうる。「同級生」の集まりであれ、「同じ趣味」の集まりであれ、「同じ小学校の親」の集まりであれ、そこで共 - 成員性が利用されうること自体によって、いずれの場でも共通に適切になるふるまいがある。
> 　　　　　　　　　　　　　　　　　　　　　（串田，2001 p. 224）

　利用可能な「共 - 成員性」がある会話文脈において、1人が経験を報告することは、その「共 - 成員のひとりの経験」として差し出すことになる。そして、聞き手は同様の経験があることを報告することによっても、ことさらにないことを報告することによっても、その「共 - 成員性」は可視化されうる。また、互いに同様の経験を報告しあうことによって、同様の経験をした者同士であるという新たな「共 - 成員性」を可視化し、更新することも可能になる。
　このような「共 - 成員性」の可視化手続きは、特定の文脈、集まりによらず、いずれの場においても利用可能な不変的な手続きであると言える。
　本書の試みは、串田が示したような文脈によらない不変的な「共 - 成員性」の可視化手続きを発見することでもあり、同時に、ともに大学院生としての生活を送る留学生と日本人学生のグループの会話という特定の文脈の中でそれを分析することによって、彼ら自身がどのような「共 - 成員性」を指向しているかを明らかにすることでもある。

5. 留学生と日本人学生の「共－成員性」の可視化手続き

　筆者の修士論文（今田, 2010）では、複数あると考えられる「共－成員性」の可視化手続きの中で、会話参与者間の「共通経験の語りあい」に限定して、その全般的な構造的組織と、どのような「共－成員性」が可視化されたかを明らかにした。全体を通してみれば、「第1の経験談」において語り手が自らの学生生活における「失敗談」や「情けなさ」「怠惰さ」などのいわゆる「悩み」を打ち明け、聞き手はその段階でその経験が「わかる」ということを主張し、その証明として「第2の経験談」が語られていた。つまり、彼らはともに「大学生」であるという利用可能な「共－成員性」がある会話文脈においてそれを利用して「共通経験の語りあい」を始め、それを通して、ともに学生生活で失敗したことがあるという「弱み」を打ち明けあい、分かちあい、そしてそれを繰り返し示しあうことで、新たに「弱さや情けなさも持つわたしたち」であるという「共－成員性」を可視化することを成し遂げていたと言える。また、この「共通経験の語りあい」の多くが、会話参与者の一方がもう一方を褒め、それに対して自己卑下的なエピソードを語り始めるところから始まっていたのも特徴的であった。以上のことは、留学生と日本人学生の初対面会話のわずかなデータ（11組）から収集されたものを分析した結果にすぎないが、留学生と日本人学生が関係構築の初期に互いのフェイスへの配慮を示す手続きを通して、「共－成員性」を可視化するという様相の一端を示したものであると言える。

　以上、本節では、異文化間コミュニケーションに関する先行研究について概観した。1980年代以降、会話参与者の社会文化的属性を固定的なものとみなし、それによる会話スタイル等の違いを、コミュニケーションの阻害要因として説明する対照分析的な研究がさかんに行われた。それに対し、1990年代後半以降、コミュニケーションが「異文化間」のものであることそれ自体も相互行為を通して達成されるという会話分析研究者を中心とした研究がなされ、パ

ラダイムシフトが起きたことで、当該状況においてその都度現れる、当事者自身が指向する関係性への焦点化が可能となった。

　これを受けて、異文化間コミュニケーション研究の分野で会話参与者間の関係性を「成員カテゴリー化装置」を用いて分析する研究が展開されるようになったが、その多くは、会話参与者間の権力関係を批判的に明らかにするという目的でなされているものが多い。このような、対立的なカテゴリー関係ばかりが脚光を浴び、彼ら自身が「同じカテゴリーの担い手」、「わたしたち」としてふるまう現象が見落とされてきたことは、偏りがあると言えようし、相互行為そのものに注目するための分析の目を曇らせかねない。会話参与者が同じカテゴリーの担い手としてふるまう現象に注目することは、この偏りを是正するという点に加え、異文化間コミュニケーションを円滑に進めるための糸口を掴むという意義もある。

　会話参与者自身が「同じカテゴリーの担い手」としてふるまう現象に注目した研究として、岩田（2005）、Maynard & Zimmerman（1984）、三牧（1999）を紹介した。これらの研究においては、初対面場面や知り合ったばかりの段階でお互いに会話を維持・継続するために共有できるカテゴリー（学年、専攻、出身、現在の居住地、社会階級など）を模索する様相が観察されたが、あくまで関係構築の初期段階のことであり、当事者のその後の関係をうかがうことはできない。本書の取り組みは、まさに「その後」の関係構築・維持の様相に光をあてるという側面も持っている。

　また、会話参与者が同じカテゴリーの担い手としてふるまっている、つまり共通の成員性を可視化している現象に焦点を当て、緻密に分析を行った代表的な研究として串田（2001）を挙げた。これは既存の「共‐成員性」を利用しつつ、新たな「共‐成員性」を可視化する機会を作る、文脈によらない不変的な手続きを見出している点で画期的な研究である。筆者はそれに基づき修士論文（今田, 2010）で留学生と日本人学生の初対面会話という特定の文脈において「共‐成員性」を可視化する現象について扱ったが、それによって初対面会話において「共‐成員性」を可視化する際に、「褒め」と「自己卑下」といった

会話参与者間のフェイス・ワークが深くかかわっていることがわかった。

しかしながら、成員カテゴリー化装置を用いて接触場面の会話参与者の関係性を分析した研究、しかも「共‐成員性」が可視化される現象に注目した研究は、管見の限り非常に少なく、未だ明らかにされていない部分が多い。「共‐成員性」を可視化する不変的な手続きの解明が望まれており、本書はその領域への貢献を目指している。

以上を踏まえて、次節で本書の課題を挙げる。

第3節　本書の課題

上記のような先行研究を踏まえて、本書の課題を整理して提示したい。

本書の目的は、外国人留学生と日本人学生が日常会話という相互行為を通して関係を構築していくダイナミックなプロセスを仔細に記述・分析していくことである。

まず、会話分析の領域において以下2点を目指す。

1. 会話参与者の互いのフェイスにかかわるやり取りを会話分析の手法を用いて分析し、円滑な関係構築のための会話の装置を明らかにすること。

2. 成員カテゴリー化装置を用いて、特定の文脈によらず「共‐成員性」が可視化され、更新される不変的な手続きを発見すること。

次に、留学生と日本人学生のコミュニケーション研究の領域において以下3点を目指す。

第 3 節　本書の課題

3. 実験室的、あるいはセッティング場面ではなく、実際の留学生と日本人学生の通時的な日常会話という特定の文脈において、彼らが何者として会話に参与し、またどのような「共 - 成員性」を可視化し、更新していくのかを明らかにすることを通して、関係構築のプロセスを明らかにすること。

4. 3 の分析を通して、留学生と日本人学生の関係構築研究、接触場面研究の領域に、新たに個別具体的な文脈や時間軸を取り入れることの重要性を指し示すこと。

5. 関係構築のプロセスを連鎖構造まで含めて明らかにする本書の知見を、日本語教育分野における会話教材開発や異文化トレーニング教材の開発に応用する方法について提案を行うこと。

第 3 章

研究方法と会話資料
―日常会話を対人関係構築の視点から分析すること―

第 1 節　会話分析

　第 2 章において、本書の関係構築についての捉え方、つまり、会話参与者がその場に何者として参与するかというのは、関係に先立って存在する固定的な属性ではなく、会話参与者自身が相互行為によって交渉していくものであるということを示した。留学生と日本人学生が日々繰り返される日常会話を通してどのように関係を構築していくか、そのダイナミックなプロセスを記述するために、会話分析の手法を用いる。なぜ留学生と日本人学生の関係構築を扱ううえで会話分析の手法が適切であると言えるのか。会話分析の成立過程とその方針に関連付けて本節で述べる。そして、それを踏まえて、順次、研究対象となるフィールド、具体的な分析手順等について論述する。

1. 日常会話への視座

　会話分析は、1960 年代のアメリカ・カリフォルニアにおいて H. Sacks が創始したものである。そして、彼の共同研究者・生徒であった E. A. Schegloff や G. Jefferson らの現在にいたるまでの重要な貢献によって、社会学の 1 つの研究領域として確立され、研究範囲の広がりにつれて、社会心理学、コミュニケーション、語用論、ディスコース分析、社会言語学、認知科学等さまざまな分野に応用されつつ発展しているものである。
　この会話分析の構想に大きな影響を及ぼしたのは、エスノメソドロジー (ethnomethodology) の創始者 H. Garfinkel である。エスノメソドロジーとは、「人々 (ethno) が日常的な実践を行う際に用いる方法論 (methodology)」を指す (山崎, 2004)。エスノメソドロジーは、20 世紀前半までに確立した伝統的

41

社会学への批判から生まれた。伝統的社会学では、社会構造、社会制度、秩序を生み出す要因を、社会の成員の持つ特質（年齢、性別、社会階層、エスニシティ等）を用いて説明することが多い。しかし、実際的活動の秩序は、社会学者が専門的知識（外在的な枠組み）を用いて発見する以前に、そもそもその活動に携わる人々によって、その都度作り出され、維持され、あてにされている。エスノメソドロジーは、人々自身が用いている「方法」そのものを研究する必要性に注目したのである。

Sacks は、ガーフィンケルとの親交を通じて得た考えから、会話分析を構想するに至った。会話分析は、会話という相互行為の中にも、その場の会話参与者自身によって生み出され、指向されている秩序や規則性が存在することを前提とする。サーサス（1998）は会話分析の特徴について以下のように述べている。

　　会話分析が取り上げる問題は、社会生活をそのままの姿で、最もありふれた設定の中で研究することであり、また、最も平凡な、日常の、ありのままに生じる活動をその具体的な細部にわたって調査することである。会話分析の基本的な立場とは、社会的行為はそれらの行為を生み出した人々にとって意味があり、またそれらの行為は自然な組織編成を有していて、綿密に調査すればその組織を発見し分析することができる、というものである。会話分析の関心は、そうした規則性を生み出したり組み立てたりしている機構や規則や構造を見出すことにある。　　（サーサス, 1998 p. 10）

つまり、会話分析は日常会話という最もありふれた相互行為に、人々が用いている手続きを発見、記述、分析する研究方法であると言える。

本書は、留学生と日本人学生が日々紡いでいく日常会話そのものに、彼ら自身が作りだし、指向している秩序があるという前提に立つ。そしてその積み重ねが関係性の構築へと繋がると考える。以上のような日常会話への視座が、会話分析という方法を採用する所以である。

2. 会話分析の基本概念 ―参加の組織化―

　会話分析は、録音（録画）されたデータをもとに文字化を行い、1つ1つの発話を連鎖の中で詳細に分析することによって、その秩序や規則性を発見していくことが目的となっている。ここでは会話分析で解明された規則性の中でも、本書で注目する「参加の組織化[11]」に深くかかわるターンテイキング組織・隣接ペア・選好構造について概説する。

ターンテイキング組織（turn-taking organization）

　日常会話というのはきわめてありふれたものであると言える。しかし、そこには驚くべきシステムが隠されている。日常会話においては、誰が、いつ、どのくらい話すのかということが前もって決まっているわけではない。つまり、会話参与者はだれでも話し手になる可能性を持っているということである。時間軸に沿って進行していく会話の中で、その都度、次に誰が話すのかということを会話参与者間で決定していくという作業を行っていることになる。このように複雑な作業でありながら、実際の会話では、主として話す話し手は1度に1人であり、その交代はきわめて円滑に、途切れることや発話が重複することはほとんどなく行われる。串田（2006）は、このターンテイキングのメカニズムの研究は、会話における参加の組織化を考えるための土台を形成するとしている。

　このターンテイキング組織を定式化した研究として Sacks, Schegloff,

---

11) 参加の組織化とは、「(「話し手」「聞き手」といった言葉で表される) 相互行為の中でのさまざまな行為者の在り方を、人々が互いのふるまいの配列において／として区別するとともに、それらの立場の布置として相互行為の状況をその都度定義づけていく過程（串田, 2006）」を指す。

Jeffersonの「会話のターンテイキング組織の最もシンプルな体系」(1974) がある。彼らによって定式化されたターンテイキング組織は、2つの構成要素と1組の規則群からなる。

構成要素1：ターン構成の要素

　話し手がターンを構成できる単位（文、節、句、語など）。これらの単位は、その進行中に、その単位のタイプとその完了点を投射[12]する。ターンを得た話し手は、少なくとも1つのターン構成単位を発する権利を与えられる。この最初のターン構成単位の最初の完了可能点が、ターンの移行適切箇所となる。

構成要素2：ターン配分の要素

　ターン配分のテクニックは2つのグループに分けられる。(a) 現在の話し手が次の話し手を選ぶテクニックと、(b) 次の話し手が自己選択するテクニックである。

規則群

1. どのターンにおいても、最初のターン構成単位の最初の移行適切箇所にお

---

[12] 串田 (2006) は「投射 (project)」について以下のように定義している。「時間の進行の中で言葉が用いられているとき、ある時点までに発せられた言葉は、その発話の統語的形状（すぐ次の瞬間にどんなタイプの統語要素が発話されそうか、その発話はどんな統語構造をとりそうか、など）、その発話の種類（その発話はどんな行為を行うものになりそうか）、その発話の完了可能点（その発話はいつ完了しそうか）、を予示・予告する性質がある。いいかえると、聞き手は進行中の発話をリアルタイムで分析することで、以上のことについて予測することができる。進行中の言葉が、これらのことを予示・予告することを『投射』という。また、言葉に備わった投射を可能にする性質のことを『投射可能性 (projectability)』という。」

いて、
(a) それまでのターンが「現在の話し手が次の話し手を選ぶ」テクニックを用いて構成されている場合、選ばれた者が次のターンで話す権利と義務を持つ。ほかの者はそのような権利も義務も持たない。そして、そこでターンの移行が生じる。
(b) それまでのターンが「現在の話し手が次の話し手を選ぶ」テクニックを用いて構成されていない場合、次に自分が話し手となろうとするものによって自己選択が行われうる。1番最初にスタートした者が、次の話し手となる権利を獲得する。そして、そこでターンの移行が生じる。
(c) それまでのターンが「現在の話し手が次の話し手を選ぶ」テクニックを用いて構成されておらず、他の者も自己選択をしない場合、現在の話し手が話し続けてもよいし、続けなくてもよい。

2. 最初のターン構成単位の最初の移行適切箇所において、1 (a)、1 (b) どちらも生じず、1 (c) に従って現在の話し手が話し続けた場合、次の移行適切箇所で再び (a) - (c) の規則群が適用される。これは、ターンが移行するまで繰り返される。　　　(Sacks, Schegloff & Jefferson, 1974 pp. 702-704.)

　つまり、会話参与者たちは常に現在進行中の発話の完了可能点はどこか、次に話し手として選ばれるのはだれかということを注視しながら、会話に参加していると言える。この発話の完了可能点の予測に利用可能なリソースとして、串田（2006）は日本語のターン構成を念頭に以下のものを挙げている。

(1) そのターンの発話連鎖上の位置どり
　　発話連鎖上の位置どりによってそのターンで行われるべき行為の種類があらかじめ投射されているなら、その行為が行われたと認識可能な点でそのターンは完了可能となる。たとえば、「Yes/No 質問のあ

と」という位置を占めるターンは「はい」「うん」だけで完了可能点を迎える。

(2) ターン開始部に配置される前置き成分

　「あ」「え」「うん」「そう」「いや」「でも」「だから」など、ターン開始部に配置され、後続するターン構成単位に統語的に連結されていない成分は、ターン構成単位の統語的形状を投射する働きは弱い。しかし、これらはしばしば「どんな種類の行為がこのターンで行われようとしているか」「どんな要素が現れたらこのターンは完了に向けた動きを始めるか」等を投射しうる。

(3) ターン構成単位の統語構造

　完了可能点の投射においてもっとも中心的なのは、ターン構成単位を組み立てるために用いられる言語の統語構造である。(後略)

(4) 韻律的特徴

　韻律の働きは、とりわけ統語的に完了可能な点の付近で顕著であると考えられる。(後略)

(5) ターン構成単位の終了部に配置される成分

　日本語の特性として、「ね」「よ」「でしょ」「か」のような「ターン最終要素」(Tanaka, 1999)は、今まさに完了可能点が迫っていることを投射する重要なリソースであることが指摘されている。また、これらの要素がおかれうる位置は、「けど」「から」「たら」などの従属節を形作る標識が後置されることで、またターンが続くことが投射されうる位置でもある(Hayashi, 2003)。　　　(串田, 2006 pp. 54-55)

さらに串田は、ターン構成単位やターンの完了可能点は、研究者が理論的基

準に基づいて決定できることではなく、会話参与者がその都度、以上のようなリソースを用いて表示、発見していると述べたうえで、ターンの投射可能性が会話参与者たちの参加の組織化にどうかかわるかを4点に分けて整理している。まず、第一に、参加者がターンの完了可能点が予測可能になることによって、「あいづち」を打つのか、次の発話を開始すべきなのかという参加形態を決められるということである。第二に、そのターンで行われようとしている行為を未発に終わらせる手立てを講じることができる。たとえば、依頼のような「隣接ペアの第1部分」（後述）のあとで、「うーん」といった言いよどみや沈黙があった場合、依頼に対する拒否がくることが投射される。このとき、聞き手はそのターンを完了可能点まで言わせる前に先取りして、自分の依頼をより受け取りやすい形で提示し直すことができる。第三に、開始されたターンが中断されて言い直されたりした場合に、聞き手は自分の参加形態を変化させることができる。第四に、ターン構成単位の統語構造も、聞き手がターン産出に参加する機会を作り出すリソースとなりうるということである。たとえば、Goodwin & Goodwin（1987, 1992）によれば、「指示＋コピュラ＋強調副詞」という統語構造の場合、強調副詞の後に評価語が発せられることが予測され、話し手とオーバーラップして聞き手たちがそれぞれの評価語を発話するとしている。

　以上のように、ターンテイキング組織、ターン構成のためのリソースは、話し手と聞き手の参加機会の配分に深く結びついている。次に、ターンテイキングに関連する（特に、次話者選択の際に大きな影響を与える）「隣接ペア」概念について述べる。

隣接ペア（adjacency pair）

　「隣接ペア」（adjacency pair）とは、「質問－応答」「依頼－受諾／拒否」等の2つの発話からなる類型のことを指すが、Schegloff & Sacks（1973）は以下のように特徴づけている。

(1) 2つの発話からなる。
(2) この構成単位としての2つの発話は隣接した位置にある。
(3) 別の話し手がそれぞれの発話を産出する。

　この2つの発話は、第1対成分と第2対成分に分けられ、この対はペアの類型を形成する。「質問－応答」「挨拶－挨拶」「申し出－受諾／拒否」などがその例である。ある種の連鎖は、第1対成分を発した話者の発話のあとに、別の話者の発話を従えることによって構成され、後者の発話は、(a) 第2対成分となり、(b) この連鎖上の第1対成分と同一のペアタイプから選択される。さらに、これらの隣接ペアは、上記 (1)～(3) の特徴に加えて、以下の特徴を有する。

(4) 対成分には、相対的な順序が存在する（第1対成分が第2対成分に先行する）。
(5) 第1成分は第2成分を特定化する関係にある（つまり、「申し出」は「受入れ」か「拒否」を、「挨拶」は「挨拶」を要求するように）。

　また、隣接ペアの連鎖がこのように秩序立ったものであるためには、（話者たちが）ある発話が第1成分であることを認識することができなければならない。つまり、隣接ペアの第1成分としての発話が発せられた場合、この第1対成分が完了しうる最初の地点において、第1対成分の話者は話をやめ、次の話者が第2対成分を発しなければならない。

(Schegloff & Sacks, 1973 pp. 295-296)

　このような強い結びつきを持つ隣接ペアよりも弱い連鎖上の含みを持つ「対化された発話」も存在する。「評価－第2の評価」(Pomerantz, 1984)、「お世辞－拒否」(Pomerantz, 1978)、「不平－釈明」(Drew, 1998) などである。
　以上のような隣接ペアが、参加の組織化において果たす基本的な働きを、串

田（2006）では「行為スペースの投射[13]」として特徴づけている。以下にその概略を記す。

　隣接ペアの第1対成分は、適合する第2対成分によって完了するまで、特定のタイプの行為によって満たされるまで終わることのないという性格を備えた時間を後続する会話の中に作り出す。この時間を「行為スペース」と呼ぶ。つまり、「隣接ペアは、それが投射する行為スペースへの参加を組織化し、そこにおける参与者たちの異なる立場を認識可能にする装置として働く（p.65）」。本書に主としてかかわりを持つ、その認識可能になることがらを2点のみ述べる。第一に、「（あるべき）応答の不在」が認識可能になる。たとえば、質問された者が応答せず沈黙が生じた場合は、その沈黙は（第2対成分を発するべき）その者に属する沈黙であり、その者が「質問を無視している」ということが認識可能になる。第二に、「チームとしての参加の組織化」を認識可能にする。複数の者が適合的な第2対成分をオーバーラップさせて発するとき、それは、第1対成分との連鎖関係の中で聞かれるので、彼らは「チーム」としてふるまっているということが認識可能になる。以上のように、隣接ペアは、行為スペースへの参加の組織化の装置として働くことがわかる。

選好構造（preference organization）

　隣接ペアは第1対成分と第2対成分からなるが、ある種の例外を除き、第1対成分に対応する第2対成分は1種類ではない。たとえば、「依頼」という第1対成分に対しては、「受諾」と「拒否」という第2対成分が選択されうる。ただし、この第2対成分をなす「受諾」と「拒否」は同等ではない。第2対成

---

[13] 串田はこの投射について、進行中の言葉は発話の統語的形状・種類・完了可能点を予示・予告するだけではなく、「進行中の発話連鎖にはどんな種類のどんな発話がどんな順で現れそうか、進行中の発話連鎖の中で誰がどんな立場を占めそうか、進行中の発話連鎖はどんな種類の発話が現れることで適切に完了しうるか、ということも予示・予告することが可能である」としている（串田, 2006 p.64）。

分には「選好的（preferred）な応答」と「非選好的な（dispreferred）応答」が存在する。Levinson（1983）は、第2対成分としての応答には有標なものと無標なものがあり、無標なものが選好されるとしている。

非選好的な応答は以下のような形態的特徴を持つ。（Levinson, 1983 pp. 334-335）。

(1) 応答の遅延：沈黙など
(2) 前置き：非選好的な応答を示す（'Uh'や'Well'などの表現の使用)、ためらいなど
(3) 説明：（なぜ、非選好的な応答がなされたのかについての注意深い説明）
(4) 拒否：隣接ペアの第1対成分の性質に応じた間接的で緩和された拒否

表4　隣接ペアの第2成分（応答）における内容と形式の相互関係（Levinson, 1983 p.336）

第1対成分		依頼	申し出	評価	質問	非難
第2対成分	選好的	受諾	受諾	一致	予想される応答	否認
	非選好的	拒否	拒否	不一致	予想外の応答または無回答	是認

以上、ターンテイキング組織、隣接ペアという連鎖組織が、会話参与者たちの会話への参加の組織化にどのような働きを持つかということについて概観してきた。

本書では、留学生と日本人学生の日常会話という相互行為の中でのさまざまなふるまいと、その都度彼ら自身が互いにどのような立場でかかわっているのかということを紐解きながら関係の構築について考察を深めていく。会話分析の上記のような装置を用いることで、いくつかのことが明らかになるであろう。たとえば、ターンの取得には、発話の完了可能点の予測が欠かせないが、そのためには、そのリソースとして用いられるターン構成単位を適切に把握することが必要になる。出会いの初期にある場合、あるいは留学生の日本語能力

の問題がある場合、それらのことが円滑に行われているかどうかということや、隣接ペアの「行為スペースの投射」の働きから、会話参与者たちの「チーム」としてのふるまいが見えてくることもあろう。以上は、参加の組織化のごく一面にすぎないが、これらの装置を利用すれば、彼らのふるまいと関係の構築プロセスの一端を仔細に記述していくことが可能になるであろう。

3. 会話分析への批判 ―社会文化的文脈を記述に組み込むこと―

　ここまで、会話分析の発見してきた一般規則について述べてきた。しかし、会話分析には、従来の社会学や人類学、社会言語学、批判的談話分析の立場から、会話分析が会話参与者の属する社会・文化的背景や属性、制度といった「社会文化的文脈」を所与のものとして記述に組み込むことができないために、社会的相互作用を部分的にしか捉えられないという批判が寄せられてきた[14]。この社会文化的文脈を分析に組み込むことについて、会話分析はどう捉えているのだろうか。

　シェグロフは、会話分析の関心は「当事者にとっての適切性、指向性、そしてそれによって形を与えられる行為を記述すること、しかもこれらを、これらが実際に立ち現われている相互行為の細部をコントロールしつつ記述すること (Schegloff, 1987 石井訳, 1998 p. 143)」であるとしている。そして、相互行為の諸現象を、民族、性差、階級のような社会的属性に安易に結びつけて説明することを厳しく排除している。シェグロフは、会話分析の領域における「修復」と呼ばれる現象について、タイ語の会話における修復、南太平洋にある島の言語であるツバル語の会話における修復、グアテマラ高地のキチェ語における修復、そして英語やヨーロッパ諸言語における修復の比較を通して、行為遂行の

---

[14] 1997年から1999年にかけて、会話分析と批判的談話分析の間でコンテクストをめぐる論争が繰り広げられた (Schegloff, 1997, 1998, 1999; Wetherell, 1998; Billig, 1999a, 1999b)。

際には何らかの多様性が存在するが、その多様性は、その行為をそもそも可能にする一貫性に関して極めて小さなものだとしている。そして、こうした「修復」のような相互行為の組織の構成要素は、「社会構造的、文化的、そして言語学的コンテクスト上の大きな多様性を貫く並外れた不変性があり、そのようなコンテクスト上の多様性に対応する多様性は相対的に小さい（Schegloff, 1987 石井訳, 1998 p. 150)」としている。また、発話における非対称性を参与者の示唆的な属性へと結びつけている研究として、ジンマーマンとウエスト（1975）の男女間での割り込みの非対称性についての研究に触れ、こういった研究の問題点に触れている。まず、参与者自身は他の属性によって特徴付けることも可能であるにもかかわらず、参与者自身の相互行為における指向性を無視し、調査者によって外的属性を付与しているという点、次に、「割り込み」つまり、「発話重複の解決」が当事者の示唆的属性によって決定されたり達成されたりするのではない、という点である。シェグロフは以下のように述べている。

> 女性は割り込む以上に割り込まれるというのはありそうなことではあるが、研究過程や説明の初期段階でそのような「外的な」属性を導入してしまえば、会話における行為の過程の結果がいかにその過程のなかで、時々刻々決定されるのかという問題から注意がそらされてしまう。この過程が解明されるなら、それが有する多くの興味深い事実が「明るみに出され」、性に特有の事実ではなくむしろ無性的なものとして現れることになろう。
> 　　　　　　　　　　　　　　（Schegloff, 1987 石井訳, 1998 p. 154）

以上のことから、会話分析が、社会構造的、文化的、そして言語学的コンテクスト上の多様性を貫く不変性を想定していることがわかる。また、行為の説明に外的な属性を導入することによって、行為そのものに対する分析の眼が曇ってしまうことに懸念を示しているのだと言えよう。

シェグロフは、社会文化的文脈を指し示す概念（会話参与者の社会的属性や、

相互行為の置かれた場面）を用いて相互行為を記述することが正当化されるためには、以下、2つの制約が課されるとしている。1つは、ある人やある場面を記述する方法が複数存在する以上、その記述が当事者にとって適切（relevant）であり、しかもわたしたちが主張する出来事が当事者に関連または依存して起きた時に、当事者にとって適切である、ということを証拠立てることが要求されるというものである。そして、もう1つは、「適切なコンテクストは、コンテクストにその都度関連すると言われる発話に、手続き上関連すべきである（Schegloff, 1987 石井訳, 1998 p. 159）」というものである。

つまり、社会文化的な文脈が、当事者にとって適切であるということが証明でき、かつ手続き上の結びつきも持っているならば、その文脈は、当事者たちの相互行為のうちに現れているというのである。

串田（2006）では、以上のような会話分析の立場を簡潔にまとめている。

> すなわち、相互行為の「内部に」立ち現われるかぎりでの社会文化的文脈を記述に組み込むことは、会話分析のプロジェクトの一部である。主流の社会学が社会構造は局所的な相互行為をこえた「外部」にあるものと見なしてきたのに対し、会話分析ではそれを相互行為の「内部」において表示され、構成されるものとして理解するのである。　　（串田, 2006 p. 18）

本書は、留学生と日本人学生が何者として会話に参与し、どのような関係を築いていくのかを、まさに相互行為の「内部」から記述することを試みるプロジェクトであると言える。この目的には、2つの解明すべき側面があると考える。1つは、特定の文化や社会的文脈を貫いてある不変的な関係構築の営みを分析するということである。もう1つは、日本国内の大学院研究科における「留学生」と「日本人学生」の相互行為という特定の文脈の特徴を解明することである。この目的のために、会話分析の分析装置に加えて、参与観察とインタビューを用いることとした。これは、分析の際に会話参与者が互いに知り合っている民族誌的背景（参与者同士の関係性、場面的状況等）が相互行為の

指向に現れているにもかかわらず、研究者が見逃してしまうことを防ぐためである。そして、もう1つ、特定の社会的文脈を分析に組み込む鍵を握っているのが次項において紹介する成員カテゴリー化装置（Sacks, 1972）である。

4. 成員カテゴリー化装置（Membership Categorization Device）

成員カテゴリー化装置の基本概念

　成員カテゴリー化装置とは、やはり、会話分析の創始者 Sacks に由来するものである。わたしたち社会の成員は、たとえば女性、大学院生、日本人、某野球チームのファン、のように潜在的に複数のカテゴリーの担い手でありうるが、会話においてどのカテゴリーがレリヴァントになるかは、会話に参加する当の成員同士によって交渉されているものである。人々は実際にどのようにしてカテゴリー化を行っているか、Sacks（1972）は「カテゴリー集合」と「適用規則」からなる成員カテゴリー化装置を定式化した。
まず、成員カテゴリー化装置とは、

(1) 社会の成員がどのような方法に従って成員をカテゴリー化しているのか
(2) そのようなカテゴリー化がどのような活動と結びついているのか

を明らかにするためのものである。成員カテゴリー化装置は、「カテゴリー集合」と「適用規則」からなる。

カテゴリー集合

　人を特徴づけるカテゴリーの集まりのこと。少なくとも1つ以上のカテゴリーと1人以上の成員を含む母集団を指す。たとえば、{父親、母親、兄弟、

子供……} というカテゴリーを含む「家族」集合、{0 歳、1 歳、2 歳、3 歳……} というカテゴリーを含む「年齢」集合などである。ここに、さらに Sacks は「2 人の人間の関係がどのような関係にあるのか」を示す装置として、{夫、妻}{親、子}{友人、友人} など対関係を成す集合によって作られた装置を「カテゴリー集合 R」と呼んだ。また、Sacks は自殺防止センターにかかってきた相談電話を分析対象としたため、{専門家、素人} など、ある問題となる事態に対処するための特別な知識配分に基づいて構成されたカテゴリー集合を {カテゴリー集合 K} と呼んでいる。

<u>適用規則</u>

　カテゴリー集合は、人々によって次のように運用されている。
① 　経済規則：
　　1 人の成員をカテゴリー化するのに、1 つのカテゴリーを適用するだけで十分である。どんな人も複数の地位カテゴリーによって特徴づけるのが可能であるが、実際には 1 つの集合で足りる[15]。
　　例）教師が生徒を注意するためには、{教師、生徒} という集合を使えばそれで足りる。教師や生徒である人の他の属性（性別や年齢、家族内での地位など）は必要ない。

② 　一貫性規則：
　　ある集合における第 1 の成員をカテゴリー化する際に、あるカテゴリーが用いられるなら、次の成員をカテゴリー化する際には、同じカテゴリーあるいは、同じ集団の別のカテゴリーが用いられるべきである。
　　例）ある者が「夫」としてカテゴリー化された場合には、その妻は「夫

---

[15] このことは、複数のカテゴリーを組み合わせて用いてはいけない、ということを意味してはいない。

と同じカテゴリー集合に属する「妻」としてカテゴリー化されるべきであり、「夫」とは無関係な「教師」などへのカテゴリー化は（仮に妻が教師であったとしても）されるべきではない。

カテゴリー付随活動

あるカテゴリーは特定の活動と結びついている。「赤ちゃん」というカテゴリーは「泣く」という活動と、「母親」というカテゴリーは「子供の世話をする」という活動と、「医者」というカテゴリーは「診察する」というカテゴリーと結びついている。つまり、その結びつきが行為や出来事の前提となっている。

成員カテゴリー化装置の概念において重要な点は、各々の成員カテゴリーは相互行為がなされる前から既に成立しているのではない、ということである。成員カテゴリー化は各々の成員が潜在的に持っているカテゴリーが相互行為を通してその都度関係があるものになることによって達成される。つまり、成員カテゴリー化装置とは、その都度参与者が「何者として」参与しているかを互いに表示しあうものである。

成員カテゴリー化概念の発展 ―連鎖との関係、動的特性―

Sacks 以降も、成員カテゴリー化についての研究は継続、拡張されている。サーサス（2000）は、カテゴリー付随活動の概念を拡張し、カテゴリーに結びついているのは活動だけではなく、述語の集合体であるとしている。つまり、「動機、権利、資格、義務、知識、属性、能力などに言及する他の述語は、固有の仕方でカテゴリー化された活動および営為を記述するさいに、レリヴァントに用いられる可能性がある（サーサス，2000 p. 45)」としている。サーサスは法律家を例に挙げて、法律家というカテゴリーにはクライアントに助言する、保護する、弁護する、議論するといった述語で表されるような義務、知識、能力を持っているとしている。

さらに、サーサスは、成員カテゴリー化が行為において成し遂げられるやり方として、ターンないしターン類型によって生成される方法を記述している。彼は、スキースクールにかかってきた電話をもとにその分析を行っている。たとえば、「スキースクールです」と電話の受け手が応じることは、組織の名前によって自己同定していることになり、スキースクールにレリヴァントな範囲のことを処理できる可能性のある人物として、自らを提示することになる。そして、その発話は、掛け手に対して、いくつかの可能なその次の発話類型をレリヴァントにするし、そのトピック上のレリヴァンスを与える。たとえば、費用、営業時間、道案内、天気予報、雪の状態といった特定のトピックに関する要請などである（サーサス，2000 p. 49）。つまり、成員カテゴリー化と会話の連鎖的な流れは分かちがたく結びついていることを示している。

　また、森本（2004）は成員カテゴリーについて、必ずしも社会的類型（親、子／専門家、素人など）にとどまらず、「語られている経験や知識が帰属する者」「訪問者／迎え入れるもの」といったカテゴリーも可能であるとしている。つまり、成員カテゴリー化装置という概念は会話の種類に依存せず、その都度どのようなカテゴリーがレリヴァントになるかは、各発話によってもたらされる情報やコンテクストによって決まるものであるという動的特性を強調している（p. 149）。

　しかし、成員カテゴリー化装置は、会話参与者たちの相互行為の重要なリソースでありながら、分析に組み込むことに強い制約が課されてきた。成員カテゴリー化装置の創始者であるSacksは、会話分析の装置と成員カテゴリー化装置を併用した分析は提唱しなかったし、シェグロフは、当該の発話とコンテクストが手続き上の結びつきを持つべきであるという立場から、その使用に厳しい制約を課してきた。これまでの連鎖分析と成員カテゴリー化装置の双方を用いた分析としては、シェグロフ（1979）が人物指示の手続きの中に成員カテゴリー化装置の使用を試みているほか、森本（2004）が次話者選択の手続きの中に成員カテゴリー化装置が用いられることを明らかにしている。しかしながら、連鎖分析と成員カテゴリー化装置をシステマティックに用いた体系だった

分析は未だ確立していない。

　本書では、留学生と日本人学生の関係性を考察するにあたって、彼らが相互行為において互いを「何者として」定式化し、どのような関係を指向しているのかを分析する。ただし、その際に用いられるカテゴリーを「留学生」「日本人学生」といった類型に限定せず、当該の参与者たちが指向するさまざまなカテゴリーが現れてくると仮定する。Sacksの成員カテゴリー化装置を基礎として、サーサス（2000）の連鎖とカテゴリー化の結びつきを分析観点として取り入れたい。また、カテゴリーが、当該の参与者によってどのように利用されているのかという側面にも目配りをしていく。

　次に、どのような箇所を対象に取り上げるかについて、成員カテゴリー化とのかかわりから、以下で整理を行う。

会話分析に見るフェイス

　分析の対象箇所として、会話参与者間の「褒めと自己卑下」、「遊びとしての対立」を選定し、その箇所における連鎖構造と成員カテゴリー化の手続きを分析することとする。その理由を、対人関係構築、成員カテゴリー化の観点から以下に述べる。

　第2章で関係構築について述べた際に、自己を「他者との相互行為によって社会的に構築される自己イメージ（＝フェイス）のこと」であると定義した。さらに、友人関係について、「相手のフェイス（自己イメージ）を守るために、特別の関与（例：お世辞を言いあう等）を示しあう関係」であり、かつ、彼らは「グループ間に特有の情報・思考・感情等を分かちあっている」とした。そうであるならば、互いのフェイスに配慮しつつ、互いに特別の関与を示し、かつ彼らの間で特有の情報・思考・感情が分かちあわれるような現象に着目する必要がある。

　会話の中にいかにフェイスへの配慮が現れるか、会話分析の中にフェイスを位置づけたのはLerner（1996）である。彼は、同意／不同意、要求／申し出、

自己修復／他者修復といった行為の連鎖組織と、フェイスには密接な関連があると述べている。

　Pomerantz（1984）の同意と不同意の選好（preference）についての論文を一例として挙げると、同意は通常、不同意に選好する。つまり、先行発話に対する同意は即座に簡潔に行われるが、不同意は逆に沈黙、言いよどみ、引き延ばしなどを伴って行われる。ところが、「褒め」に対する反応には、その「褒め」に同意することと、自慢を避けることの2つの潜在的な葛藤があることを示している。また、自己卑下に対する応答の選好は、通常と逆である。自己卑下に対する選好応答は、同意ではなく不同意である。このことは、相手のフェイスへの配慮と、発話の連鎖構造が密接に関連していることを示している。

　ここでは、Lerner（1996）に基づき、関係構築に密接に関連を持つフェイスへの配慮が見られる「褒め」と「自己卑下」に関する箇所について分析を行い、その様相を詳細に記述することで、彼らの関係性に接近していくことを試みる。また、「褒め」と「自己卑下」に並んで「遊びとしての対立」という現象にも注目したい。相手を褒めることの逆、つまり相手に悪口を言うことは、一見、相手のフェイスへの侵害にあたる。ところが、わたしたちはふだんの生活の中で、人々が親しげに相手の悪口を言いあって笑いあっているような場面をよく見かけることがある。このような「遊びとしての対立（大津, 2004）」もまた関係構築に寄与するものである。このような現象は、「笑い」を伴って行われることが多いが、会話における笑いがフェイス侵害行為の発生と関連して起こることを示す研究（Jefferson, Sacks & Schegloff, 1987）もある。また、「褒めと自己卑下」と「遊びとしての対立」が導かれる「からかい」との繋がりも見逃すことはできない。Drew（1987）は、からかいが生じる際には、その先行発話において大げさな自己卑下や不満の表明や何かに対する激賞が行われているとしている。

　これらの現象は、また成員カテゴリー化とも密接に関連している。その詳細は、第4章～第6章にて詳述するが、たとえば、「褒める」「自己卑下する」あるいは「からかう」というのは、対象を評価する行為としてみなすことができ

る。そしてその評価は、(ある人を評価する場合)、その全人格を評価するのではなく、その人のある側面(「〜として」という部分)を取り上げて行われる。つまり、あるカテゴリーを付与することに結びつく。また、Drew (1987) は、からかいはその対象の行き過ぎた性質を暴露するのであって、からかわれる人にある種の逸脱した (deviant) カテゴリーを付与することになるとしている (p. 246)。

以上のような観点から、本書では「褒めと自己卑下」「遊びとしての対立」という現象を抽出して、その連鎖構造とフェイス・ワーク、成員カテゴリー化の様相を記述していきたい。

5. 分析の指針

留学生と日本人学生の関係構築のプロセスを記述するためには、彼らが互いにどのように関係を築いていくのか、その様相を捉えられる箇所を分析の対象として抽出する必要がある。よって、その関係構築に密接にかかわりを持つ「フェイス」への配慮が見られる「褒め」、「自己卑下」、「遊びとしての対立」の行われる会話を中心的対象として分析する。

また、留学生と日本人学生が日常的なかかわりである会話という相互行為を通して関係を築いていくという立場から、彼らの日常的な会話を分析の対象とする。この会話を分析するのに、当該の会話参与者自身が生み出し指向している秩序や規則性を見つけ出すことを前提とする「会話分析」を分析の指針として採用する。「会話分析」はそのターンテイキング組織、隣接ペア、選好構造といった構造から、会話参与者たちの参加の組織化について明らかにすることができる。

こうした不変的な道具立てを基礎としたうえで、さらに、留学生と日本人学生の大学生活における会話の個別具体的な文脈、つまり「留学生」「日本人学生」であること、「学生、研究生活をともに過ごしている」という個別具体的

な状況、彼らの間で蓄積される歴史性を組み込むことなしに、彼らの関係性に迫ることは不可能であるとの立場に立つ。よって、彼らが相互行為の上で前提としている民族誌的な諸要素や歴史性にも、参与観察やインタビューを通して総合的に接近していく。

　分析にあたっては、語彙の選択（仲間内のアイデンティティを示すような語彙や呼称の使用等）や、順番のデザイン（属性や知識の有無による機会作り等）、シークエンス（彼らの間で指向されている発話の続き方等）、全般的な構造的組織に注目する。また、彼らが「何者として」その会話に参与し、関係を築きあげていくのかという観点から、会話の連鎖的な流れの中で成員カテゴリー化がいかに行われているのかを明らかにする。

　以上のような方法により、彼らの関係構築プロセスを不変的な手続きと個別具体的な文脈という双方の観点から記述することを課題とする。

第2節　分析資料
― 留学生と日本人学生の通時的日常会話データ ―

1. 対象者 ―留学生と日本人学生グループ―

　西日本の国立大学大学院文系研究科博士前期課程1年に在籍する12名（日本人5名、タイ人4名、中国人3名）を分析の対象の中心とした（以下、表5を参照）。

　留学生の日本語能力は、研究活動が日本語のみでほぼ円滑に行えていることから上級と言える。

　ただし、留学生のうちタイ人留学生4人は日本人学生と同一のコース（A）に属しており、授業もほぼ重複したものを履修しているが、中国人留学生は別

第3章　研究方法と会話資料

表5　分析の対象者（1年生）

	名前	性別	年齢	国籍	入学（4月）以前の所属・他のメンバーとの関係	入学時点での日本滞在歴
日本人学生[16]（A）	山平	女性	20代半ば	日本	同大学他専攻学部生、他メンバーと面識なし	
	山原	女性	30代半ば	日本	社会人（日本語教師）、他メンバーと面識なし	
	板垣	女性	20代前半	日本	同大学同専攻学部生、タイ人留学生との面識あり	
	笹岡	女性	20代前半	日本	同大学同専攻学部生、タイ人留学生との面識あり	
	香川[17]	男性	20代前半	日本	同大学同専攻学部生、タイ人留学生との面識あり	
留学生（A）	ダオ	男性	20代半ば	タイ	同大学同専攻研究生、板垣、笹岡、香川、タイ人留学生と面識あり	2年
	フォン	女性	20代半ば	タイ	同大学同専攻研究生、板垣、笹岡、香川、タイ人留学生と面識あり	1年
	ブン	女性	30代前半	タイ	同大学同専攻研究生、板垣、笹岡、香川、タイ人留学生と面識あり	1年
	マイ	女性	30代前半	タイ	同大学同専攻研究生、板垣、笹岡、香川、タイ人留学生と面識あり	2年
留学生（B）	王	男性	20代前半	中国	他大学（国内）学部生、他メンバーと面識なし	2年
	朱	女性	20代前半	中国	他大学（中国）学部生、他メンバーと面識なし	2週間
	徐	女性	20代前半	中国	他大学（中国）学部生、他メンバーと面識なし	2週間

のコース（B）に属しており、授業は一部（週に1コマ程度）重複しているものの、基本的には別の授業を履修している。日本滞在歴は個人により異なる。このグループには共同利用可能な院生室が存在し、1年生全員がその運営を担う何らかの役職についている（例：室長、会計等）。また、上級生として2年生が同じ院生室を利用している。個人差はあるが、授業の際や院生室での学習時に1年生同士や2年生と接触する機会を持つ。この研究科グループを選定し

16）コース名（仮称）
17）香川は、5月より休学したため、会話データ中にはほぼ登場しない。

た理由は、留学生と日本人学生がほぼ同数程度存在し、同じ院生室を利用し運営上のかかわりも持つことから、自然に接触機会が多くなることが期待できること、そのため関係構築の様相を分析しやすい環境だと考えられたからである。また、複数のメンバーが存在することから、それぞれが多様な関係を切り結ぶ様相を観察できることが見込まれたことも理由の1つである。なお、本書において示す固有名称はすべて仮称とする。

2. 資料の収集

　大学院博士前期課程入学直後（2011年4月）から、1年生の留学生であるフォン、王、日本人学生である山平、山原計4人それぞれにICレコーダーを預け、同研究科の1年生メンバーとの日常会話[18]を1週間に数回録音してもらい、長期休暇時期を除いて1年間（2012年3月まで）継続することとした。可能な場合はビデオでの録画も依頼した。メンバーの選定にあたっては、関係構築初期からの様相を見るため、入学以前に他のメンバーとの面識があまりないことを条件とした。

　会話内容は院生の日常生活における自然会話[19]であることが条件で、その内容（雑談・学習等）や録音時間、会話参加人数等は問わない。自然会話収集にあたり、4月の調査開始時に研究科全体にガイダンスを行い、調査協力者以外からの協力も取り付けた。また、週に1度の院生室での参与観察と、データ収集者である4人に対する月に1度のインタビューにより民族誌的情報を収集す

---

[18] 1年生グループが本書の調査対象であるが、2年生とも頻繁に交流があるため、収録データ内に存在する彼らの発話に関しても分析の対象とする。
[19] データ内に、録音録画されていることを意識した会話が見られるが、場面的文脈におかれた彼らのふるまいとしては「自然な」データだと捉えている。また、彼ら自身へのインタビューの結果、ICレコーダーが置かれている事実は、会話が進むにつれさほど気にならなくなった、あるいは忘れてしまうことも多かったということである。

第 3 章　研究方法と会話資料

表 6　主な会話参与者の詳細なプロフィール

山原	グループの日本人メンバーの中では唯一の 30 代女性。社会人入学生で、4 月以前にはメンバーのだれとも面識はない。外国人対象の日本語教師でもある。彼女は自分の年齢に言及することが多かった。4 月の自己紹介では、冗談めかして「年食ってるんですけど、中身は伴っていないのでよろしくお願いします」と述べていた。ダオとは同じゼミのメンバーである。
山平	20 代半ばの日本人女子学生。4 月以前は、同大学の他専攻の学部生だった。日本語教育ではなく言語学を専門としている。4 月の自己紹介では、自らのことを「おっさん」と称していた。他のメンバーとゼミは異なるが、院生室で勉強していることが多く、院生室での滞在時間が長いのが特徴である。
ダオ	20 代前半タイ人男子留学生。大学院入学前の 2 年間、同大学で研究生として過ごした。研究を遂行できる日本語能力に加え、話し言葉（流行語、略語、方言等なども含め）にも通じている。山原とは同じゼミ生で、フォンを含めた 3 人で同じ授業を選択していることが多く、この 3 人での会話はよく見られた。
フォン	20 代半ばのタイ人女子留学生。大学院入学前の 1 年間、同大学で研究生として過ごした。4 月のインタビューで、これまで日本人の友達と呼べるような友達はいなかったが、できれば作りたいと述べていた。山原・山平とは 4 月が初対面である。ダオとは、研究生時代から 1 年間の知り合いである。彼女は、研究を遂行できるだけの日本語能力は十分であるが、話し言葉にあまり慣れていないような印象を受けた（流行語や略語、方言にはあまり通じていないということ）。

ることと、データ収集上生じた問題をその都度改善するよう努めた。インタビューは 1 人につき 1 回 10〜15 分程度、半構造化式で行った。主に、彼らの日常生活における行動の変化や、関係の変化への認識の確認、資料収集にあたっての問題点の調査などを中心にしたものである。

また、実際に採録したデータからは、山原・山平・ダオ・フォンの 4 人の会話断片が最も多く見られた。以下の章において彼らの関係性について特に詳述していくため、この 4 人のプロフィールについて表 6 に記しておく。

3. 資料の文字化

収集されたデータは主に、彼らの学生生活上、授業の合間の休憩時間や、昼

第 2 節　分析資料

食時の教室や院生室、帰宅時のバスの中などで録音されたものがほとんどであった。得られた録音資料は計 100 件、総録音時間数 61 時間 9 分であった。すなわち、週に 1〜2 回のペースで録音が行われたことになる。これらの録音・録画資料のうち分析対象箇所を、音声処理ソフト Audacity を用いて、西阪・串田・熊谷（2008）の転写ルールを参考に、0.1 秒単位で詳細に文字化を行った。文字化に用いた記号は下表（表 7）の通りである。

4. 具体的分析の手順

以下に具体的な分析の手順について概略を示す。

(1) データの収集

　　会話データ（録音・録画資料）を調査協力者から回収する。また、週に 1 度参与観察した際にメモを取る。月に 1 度インタビューデータを収集する。

(2) データの文字化

　　収集した音声、録画データを確認する。その中から、着目する現象（「褒め」「自己卑下」「遊びとしての対立」を中心とした箇所、詳しくは分析各章に説明を譲る）にかかわる箇所を抽出し、文字化を行う。

(3) データの分析

　　前節で述べた分析の指針に従って、ターンテイキング組織、選好構造、隣接ペア概念を道具立てとしながら、会話参与者の参加の組織化の分析を行う。さらに、①語彙の選択、②順番のデザイン、③シークエンスの組織化、④全般的な構造的組織、⑤成員カテゴリー化について注意を払いながら、会話者たちがどのような立場と役割を互いに示

65

表7　文字化記号

[	複数の参与者の声の重なり始め。
[ ]	重なりの終わりが示されることもある。
=	2つの発話が途切れなく密着していることを示す。
( )	聞きとり不可能な箇所。
(言葉)	聞きとりが確定できないとき。
(m.n)	音声が途絶えている状態。その秒数が（　）内に示される。
(.)	0.2秒以下の短い間合い。
言葉::	直前の音の引き延ばし。コロンの数は引き延ばしの相対的な長さに対応。
言-	言葉が不完全なまま途切れている状態。
h	呼気音（hの数はそれぞれの音の相対的な長さに対応）。
.h	吸気音（hの数はそれぞれの音の相対的な長さに対応）。
言(h)	呼気音の記号は、笑いを表すのにも用いられる。特に笑いながら発話が産出される時、そのことは、呼気を伴う音の後に（h）またはhを挟むことで示す。
¥　¥	発話が笑いながら為されているわけではないが、笑い声で為されているというとき、当該個所を¥で囲む。
言葉	音の強さは下線によって示される。
°　°	音が小さいことは、当該個所が°で囲まれることにより示される。
. , ?	語尾の下がりはピリオド（.）で示される。音が少し下がって弾みがついていることはカンマ（,）で示される。語尾の音が上がっていることは疑問符（?）で示される。
!	直前の音が弾みつきで強く発されていることは、感嘆符（!）で示される。
↑↓	音調の極端な上がり下がりはそれぞれ上向き矢印（↑）と下向き矢印（↓）で示される。
> <	発話のスピードが目立って早くなる部分。
< >	発話のスピードが目立って遅くなる部分。
(( ))	発言の要約や、その他の注記は二重括弧で囲まれる。

しあい、関係を構築しようとしているのか分析を行う。その際に、(1)で収集した民族誌的資料（参与観察、インタビューデータ）を参照する。

(4) 通時的変化の考察

　　同じような現象の手続きについて、通時的変化に注目してデータを比較、分析し、彼らの関係性の変化について考察を行う。

第4章

自己紹介場面に見る関係構築

第1節　関係構築の第一歩としての自己紹介

　集団の前での自己紹介は、小中学校などの教育現場や、クラブやサークルなどの団体、あるいはビジネスの場においても行われている。ほとんどの人は、自分の自己紹介の順番が回ってくるのを緊張とともに待ちつつ、「さて、何を話そうか」と思いを巡らせているのではなかろうか。わたしたちがこのように自己紹介について、緊張とともに思いを巡らすのはなぜか。それは自己紹介が、その集団内でどのように見られ、扱われたいかを表す、当の集団の他のメンバーと関係を作る上で重要な契機となる最初の自己同定化作業であるからだろう。

　留学生のための日本語教育においても、関係構築のための足場作りの第一歩として自己紹介が重視されていることは、日本語教育の教科書で最初の第1課分を割いて取り上げているものが多いことからもわかる。『みんなの日本語初級Ⅰ　第2版　本冊』（スリーエーネットワーク, 2012）等の初級教科書では、あいさつと出身地、所属等の基本情報の紹介に触れる程度であるが、中上級以降の学習者を対象とした教科書では、さらに良好な関係構築を意識した内容となっている。一例としては、『生きた素材で学ぶ 新・中級から上級への日本語』（鎌田他, 2012）では、第1課のテーマを「自己紹介と本当の自分」として、自分の名前をニックネームやエピソードに関連付けて紹介する方法を取り上げている。また、『日本語上級話者への道』（荻原他, 2005）では、こちらも第1課のテーマを「自己紹介で好印象を与えよう」とし、印象的な自己紹介をするための工夫（意外な面を紹介する等）を取り上げている。さらに、「自己紹介では、場面に合わせて印象的な内容を話すことも重要です（p. 10）」とし、場面に合わせた内容を話す重要性にも触れている。このように、自己紹介では自己をどのように呈示したいかだけではなく、場面に適切であることも要求され

る。自己紹介の緊張感はこのようなところにも由来するのであろう。

　本書が対象とした大学院の研究科グループでは、入学後2週間が経った時期に、大学院生同士の親睦を目的とする新入生歓迎会が開かれた。その会席上、新入生たちの自己紹介が行われた。彼らはその場の自己紹介において、自らを何者として呈示し、関係構築のための足場をどのように築いていたのであろうか。また、その自己紹介の聞き手たちはどのような反応を示しながら集団形成を指向していたのか。本章では、会席上の自己紹介場面データと、後日、自己紹介について語りあう彼らの雑談データの分析を通じて、この問題に取り組む。

 ## 第2節　自己紹介に関する先行研究の検討

　「自己紹介」は多くの場合、初対面会話の冒頭の一部として扱われ、研究がなされている。良好な関係が築けるかどうかは出会いのごく初期に決定されるとする「初期意思決定」（Berg & Clark, 1986）などの理論をもとに、初対面会話はこれまで数多く研究がなされてきた。社会心理学における初対面会話は「自己開示」という概念に基づいて分析されていることが多い（張、2007 p. 97）。特に、異文化に属する者同士の接触場面の初対面コミュニケーションでは、この自己開示度の違いがコンフリクトの原因になりやすいとして、その文化間の差異などが調べられている。たとえば、Barnlund（1975）の日米比較では、すべての会話の話題について日本人の自己開示はアメリカ人のそれよりも少なかったことが報告されている。自己開示度の高い文化圏の人々が、自己開示度の低い文化圏の人々と接触すれば、「心を開いてくれない」という印象を抱くことが多いであろうし、逆の場合は「聞きもしないのに押し付けがましい」という印象を抱くかもしれない。このような調査は、質問紙により行われており、実際のコミュニケーションそのものに焦点化したものではない。

第2節　自己紹介に関する先行研究の検討

　社会言語学の分野では、コミュニケーションそのものに注目し、初対面コミュニケーションの対照研究や接触場面会話研究が盛んに行われてきた。こちらも、異文化間の会話のプロセスの構造、話題、スピーチレベルシフト、会話スタイル等の違いがコンフリクトの原因となることを前提に、その違いを明らかにすることを目的とした研究である（張, 2007 pp.96-116 本書第2章先行研究を参照のこと）。

　上記のような初対面コミュニケーション研究は、文化による自己紹介のパターンの違いを抽出したものではあるが、コミュニケーションに参与する人々が相互行為を通してそれぞれを何者として位置づけ、カテゴリー化し、関係を築こうとしているのかに注目したものではない。また、実験室内において1対1で行われた調査が多く、実際の集団内での関係構築の足場作りの第一歩としての自己呈示を示したものではない。

　いっぽう、自己は相互行為を通して構築されるものであるという視点に立った研究として、Hadden & Lester（1978）が挙げられる。彼らは、自己同定化は、自分自身が何者であるかを示す言語的マーカーを使用する、あるいは他者との相互行為の際のパターンの中にそのマーカーを埋め込むことによって行われるとした。彼らはGoffmanの言うように「構築される自己」を前提とし、Sacksの成員カテゴリー化概念を用いている。そして相互行為によって「構築される自己」について、グラウンデッドセオリーアプローチを用いて分析している。

　本章でも、「自己」は相互行為を通して構築されるものであるという立場に立ち、実際に留学生と日本人学生が存在するグループ内で行われた自己紹介場面において、彼らがその場の状況やメンバーとの相互行為のかかわりの中でいかに自己を呈示し、いかなる関係を構築しようとしているのか、その様相を明らかにする。

第3節　分析方法

1. データ

　本章で使用するデータは4月の入学式後2週間ほど経過した時期に、大学院生の多くが参加して行われた、居酒屋での新入生歓迎会の自己紹介データである（録画映像は室内の明度不足により資料として不十分なため、分析には使用していない）。今回のデータに登場する新入生歓迎会参加者の情報は表8のとおりである。また、この新入生歓迎会から3週間程が経過した5月11日、院生室内で森田、ダオ、山原、山平、小野が自己紹介について語りあう雑談が収録された。このデータも分析材料とする。

2. 分析概念

　本書では、留学生と日本人学生が、出会いの初期においてどのような立場でコミュニケーションに参与し、互いに配慮しながら関係を形成しようとしているかに注目する。分析には以下、3つの概念を中心に用いる。（第3章において既に詳述しているが、本章における分析の観点を明確化するため、簡略化の上再掲する）。

第 3 節　分析方法

表 8　新入生歓迎会参加者[20]情報

	名前	性別	年齢	国籍	入学（4 月）以前の所属・他のメンバーとの関係	学年
日本人	山平	女性	20 代半ば	日本	同大学他専攻学部生、他メンバーと面識なし	1 年
	山原	女性	30 代半ば	日本	社会人（日本語教師）、他メンバーと面識なし	
	板垣	女性	20 代前半	日本	同大学同専攻学部生、タイ人留学生との面識あり	
	笹岡	女性	20 代前半	日本	同大学同専攻学部生、タイ人留学生との面識あり	
	香川	男性	20 代前半	日本	同大学同専攻学部生、タイ人留学生との面識あり	
	森田	男性	20 代半ば	日本	同専攻 1 年生、板垣、タイ人留学生と面識あり	2 年
	坂本	女性	20 代半ば	日本	同専攻 1 年生、板垣、タイ人留学生と面識あり	
	野田	女性	20 代半ば	日本	同専攻 1 年生、板垣、タイ人留学生と面識あり	
	小野	女性	20 代半ば	日本	同専攻 1 年生、板垣、タイ人留学生と面識あり	
留学生	ダオ	男性	20 代半ば	タイ	同大学同専攻研究生、 板垣、笹岡、香川、タイ人留学生と面識あり	1 年
	フォン	女性	20 代半ば	タイ	同大学同専攻研究生、 板垣、笹岡、香川、タイ人留学生と面識あり	
	ブン	女性	30 代前半	タイ	同大学同専攻研究生、 板垣、笹岡、香川、タイ人留学生と面識あり	
	マイ	女性	30 代前半	タイ	同大学同専攻研究生、 板垣、笹岡、香川、タイ人留学生と面識あり	
	王	男性	20 代前半	中国	他大学学部生、他メンバーと面識なし	

成員カテゴリー化装置（Membership Categorization Device）

　成員カテゴリー化装置とは、Sacks（1972）が、社会の成員がどのような方法に従って成員をカテゴリー化しているか、そのようなカテゴリー化がどのような活動と結びついているかを探求し、定式化したものである（詳細は、第 3

20）本書の調査対象である 1 年生グループ 12 名のうち、10 名（表 5 参照）が参加している。

章第1節4を参照のこと)。人は複数のカテゴリーの担い手であると言えるが、どのようなカテゴリーが前景化するかは相互行為によって決定される。ここでは、留学生と日本人学生が、出会いの初期における会話においてどのようなカテゴリーを使用しているかに焦点をあてる。特に自己紹介において名乗る際にどのような呼称を用いるか(名前、ニックネーム、役職等)、また使用するカテゴリー集合(「研究科仲間」、「友人同士」といった共有カテゴリー集合、あるいは「日本人‐外国人」といった対カテゴリー集合)、さらに、言及するエピソードにも着目した。

ポジティブ・ポライトネス・ストラテジー(Positive Politeness Strategy)

　Brown & Levinson(1987)は、他者に理解され、仲間だとみなされたいという欲求である「ポジティブ・フェイス」に訴えかけるストラテジーとして15のポジティブ・ポライトネス・ストラテジーの存在を指摘している。親密化のストラテジーと言えるこれらが使用されているかも検討する。

　　　ストラテジー　1：聞き手の関心・欲求・持ち物に関心を示す
　　　　　　　　　　2：聞き手への共感等を誇張する
　　　　　　　　　　3：聞き手への関心を増す
　　　　　　　　　　4：仲間内のアイデンティティ・マーカーを用いる
　　　　　　　　　　5：同意を求める
　　　　　　　　　　6：非同意を避ける
　　　　　　　　　　7：共通基盤を前提とする／主張する
　　　　　　　　　　8：冗談を言う
　　　　　　　　　　9：聞き手の欲求に関する話し手の知識を主張する
　　　　　　　　　 10：申し出る、約束する
　　　　　　　　　 11：楽観的である
　　　　　　　　　 12：ある行動に話者も話し手も含める

13：理由を与える（求める）
14：相互利益を前提とする／主張する
15：聞き手に贈り物（モノ・共感・理解・協力）を与える

（Brown and Levinson, 1987 p. 102）

フェイス・ワーク（face work）における協力

　ゴッフマンは、人は自分のフェイスや他人のフェイスを守るだけでなく、他人たちが自分たち自身のフェイスやその人のフェイスを守るのを手助けするよう配慮するとし、これをフェイス・ワークにおける協力と呼んでいる。このような協力の一典型として相互的な自己否定を挙げている。出会いの初期に頻繁に見られる、他人にはお世辞を言って褒めながら、自分のことはけなす（謙遜、自己卑下）行為である。本章でも、出会いの初期における相互的な配慮として、このような現象が見られるかについても検証する。

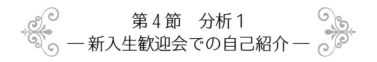

第4節　分析1
― 新入生歓迎会での自己紹介 ―

　新入生歓迎会では、開始1時間程経過した後、2年生（昨年度院生室長）の森田が司会役となり新入生の自己紹介が始まった。自己紹介は着席順に日本人学生から行われた。自己紹介は、出席していた新入生である日本人学生5名、留学生5名の計10名が行ったが、笹岡、香川の自己紹介はICレコーダーのマイク位置の都合上音声がかなり不明瞭であった（内容の聞き取りに支障があった）ため、分析の対象からは外した。以下、自己紹介が行われた順にデータを提示する。会話データの行頭番号は自己紹介開始時からの発話番号である。ま

た、注目する発話に"⇒"を付し、注目する箇所をボールド（太字）で表す。

1. 日本人学生の自己紹介

会話例1 【2011年4月21日「山平の自己紹介」】

```
001  森田: ⇒ はいじゃあトップバッターヒラさんお願いしま::す.
002  山平:   はい
003  野田:   ¥ヒラさん¥
004  全員:   (2.0)((拍手))
005  山平:   え::とM1の山平あさみと言いま:す.よろしくおねがいしま::す.
006  森田:   よろしくおねがいしま::す
007  山平: ⇒ え::っと何しゃべりましょう[(1.0)え::っと:中身おっさんが=
008  ？ :                          [ahhahha!
009  山平:  =住んでるんでえ,えっ[酒飲んだら本性出てくるんで=
010  ？ :                    [hhh
011  山平:  =>あんまり飲ませないでください！<
```

　司会役の2年生森田が、山平の指名に「ヒラさん」というニックネームを使用している（001）。同研究科には「山平」「山原」と相似した姓の新入生が存在するため、姓の後半の漢字1字を取って「ヒラさん」「ハラさん」と呼ぼうと、4月初旬に森田が提案したものである。このニックネームは入学後グループ内で発生したものであり、グループ内でしか機能しない「仲間内のアイデンティティ・マーカー（Brown & Levinson, 1987）」と言える。森田は「ニックネームが通じる仲間」という共有カテゴリー集合を使用しており、指名された山平もそれを承認している（002）。さらに、名前と学年の紹介[21]の直後、何を話すべ

きか言いよどんだ山平は、自己紹介の初めのエピソードとして自らの酒癖について、自分を表象する呼称として「おっさん」を用いて冗談めいた自己卑下的な側面の呈示を行っている（007, 009, 011）。

会話例2【2011年4月21日「板垣の自己紹介」】

```
001  板垣: ⇒ えっと:M1の:板垣さやかで:す.(0.2)あだな:は:ピノコですって(.)
002           >あだなはピノコですってずっとゆってるんですけど:<あんまり(.)
003           だれもピノコって呼んでくれ[ない
004  全員:                              [hahahahahahhaha
005  板垣: ⇒ 板垣さん(じゃなくて)ピノコって呼んでくれたら
006  山平:    ¥ピノコ::¥
007  ？  :    ピノコ::
008  板垣: ⇒ もっとなんか親しみやすくなれるかなっと
009  全員:    hhhhhhhhhhhhhhhhhhhhhh
             （中略　ピノコというニックネームの由来についてのやり取り）
014          (0.5)
015  板垣:   えっと:きのう:狭山先生の :(0.2)研究室で:↑
016          あのゼミがあったんですけど::あの:めっちゃ怒られてる声¥が::
017          院生室に聞こえてたみたいで::¥
018  ？  :    hhh¥え:::¥
             （中略　その時院生室にいたという学生とのやり取り）
031  板垣: ⇒ まあできがわるいので::↑
032          みなさん:あのいろいろよろしくおねがいしま:す.
033  全員:   hhh(拍手)
034  森田: ⇒ 今期室長でした:
```

21）M1とは、博士前期課程1年生を指す。

035　ダオ：　　お::::::
036　山平：　　いええええええい
037　全員：　　((拍手))

　板垣は冒頭で強勢を置いて繰り返しニックネームを主張し（001, 002）、ニックネームで呼ばれていない現状への不満を示している（002, 003）。さらにニックネームで呼ばれることが関係の親密さを示すという認識を示し（005, 008）、親密なカテゴリー集合を共有することへの提案を行っている。この後、板垣は指導教員に叱られたという自己卑下的エピソードを笑いを交えて呈示し（016, 017）、自分のことを出来が悪いと述べたうえで（031）、自己紹介を締めくくっている。また、司会役の森田は板垣の自己紹介後に彼女を役職名で呼んでいる（034）[22]。役職名もニックネームと同じくグループ内でしか通じないものであり、こちらも「研究科メンバー」という共有カテゴリー集合を利用したふるまいと言える。

会話例3 【2011年4月21日「山原の自己紹介」】

001　森田：　　おねがいしまっす．
002　山原：⇒　え:M1の(.)山原みどりです．(0.2)え::ちょっと**年食**ってます．
003　　　　　　ahaha!ho でも-¥全然¥h-あの:((咳こみ))
004　野田：　　hhhhhh
　　　　　　　（中略　山原の咳き込みと、それに対する周囲の励まし）
008　山原：⇒　ですがえ:>**全然<あの中身は伴って**ないんで,あの:お hohho(1.0)
009　　　　　　<気軽に>-<お話>-してください．

---

[22] フォローアップインタビューによれば、森田は前年度室長として役割交替したことを研究科メンバーに知らせたかったということである。森田は司会者としての意識も持っており、自己紹介の順序などにも配慮していた。

```
010   山平：    う[い.
011   坂本：      [はい
012   山原：⇒  で:(2.0)いちおう田中ゼミ=なんですけどぉ(1.0)ちょっとテーマに
013            ついてこないだ話したら:もお(.)おもっきり覆されてもうまっしろ
014            今もう白紙の=.h¥状態で凹んでます.¥　 [なんでとりあえず
015   野田：                                      [自己紹介(・・・)
016   ？：     hhh
017   野田：   田中ゼミについては(またそれも)
018   全員：   hhhhhhhhh
019   山原：⇒ ぜひ先輩から=大先輩アドバイスをお願いします
020   ？：     hhhhh
021   野田：   録画されていない時に
022   ？：     hhhhhhhhh
023   山原：⇒ オフレコで:
024   全員：   ((拍手))ahahahahaha
025   山原：⇒ オフレコでじゃあ:あの:(きっとき)ますんで:はい(.)はい
026            ぜひお願いしま:すということで:す.¥よろしくおねがいしま:す.¥
```

　山原は自己紹介の冒頭で、年齢（30代半ば）に言及し、年齢の割に中身は伴っていないので仲良くしてほしいと、笑いながら自己卑下的発話をしている（002, 003, 008, 009）。さらに所属ゼミの先生に研究内容を考え直すよう指示され落胆しているという自己卑下のエピソードを笑いを交えて重ねている（012-014）。この自己卑下は、聴衆に冗談として取られていることが、聴衆の笑いから解釈可能である（016）。

　山原に対し、同じゼミに所属する2年生の野田は別の機会に愚痴を聞こうと提案をする（017）。山原は「先輩」「大先輩」という語を使用し助言を求めているが（019）、「先輩」はゼミメンバーという共有カテゴリー集合を利用した呼称と言える。そして同時に「先輩」に対して「後輩」である自分の下位性を

示すことができる呼称でもある。

　この会話が録画されていることを知っている野田は録画されていないときに話そう（021）という提案を行い、山原はそれを受け入れている（023, 025）。「録画されていないとき」という野田の発言を、山原は「オフレコ」という表現で言い換えている（023）。「オフレコ」は「録画されていない」という表現よりも、より話題内容の非公開性を強調する発話であり、山原が野田の発話を、「ゼミ仲間」からさらに親密度を高めた「秘密を共有する仲間」というカテゴリー集合を使用することへの提案として受け取ったことを示している。

2. 留学生の自己紹介

会話例4　【2011年4月21日「ブンの自己紹介」】

```
001   坂本： ⇒  はいじゃあ次お願いしま:す
002   ブン： ⇒  はいえ:と:タイ-から-きましたブンです．
              （中略）
011              (2.0)
012   ブン：    質問してください．
013   坂本： ⇒  ん:っとじゃあ特技はありますか？
014   ブン：    はい？
015   坂本：    特技
016   ダオ：    ((ブンに対して、タイ語で「特技」の意味を説明している))
017   板垣：    なんかうまいこととか:
018   ブン： ⇒  うまいことは-寝るです．
019   全員：    hhhhhhhhhhhh
```

2年生の坂本がブンを指名するが、名前や役職名等は使用していない。このことは、坂本がブンに関してほとんど知識がないこと[23]を示している。ブンは出身国と名前（ニックネーム[24]）のみを述べ、自らは情報提供せずに聞き手に（自分について）質問してほしいと委ねている。このことは、ブンが自分を留学生としてカテゴリー化していることを示しており、「留学生－日本人学生」という対カテゴリー集合を利用していると言える。また、坂本がブンに特技について質問しているが（013）、特技や趣味についての情報は、その人物を褒めるリソースとなりうる。自己紹介場面でこの質問がまず挙がったこと、その質問（013）に対して、ブンが「寝る」（018）という冗談めかした自慢回避の返答をしているのは、相互的な配慮（フェイス・ワークにおける協力）と言える。

会話例5 【2011年4月21日「フォンの自己紹介」】

```
001  フォン: ⇒ みなさんこんばんは:タイからまいりました:フォンです．
002           よろしくお願いしま:す．
003           (2.0)  hhhhhh
004  森田:    ずるいずるい
005  野田:    (・・・・)げて::hh
006  山平:    ¥え::¥
007  山原:    ¥え::¥hh
008           (1.0)
```

---

[23] 坂本によれば、この時点ではブンの顔と名前が一致していなかったとのことである。
[24] フォローアップインタビューを行ったところ、タイ人留学生は全員幼少時からのニックネームを持っており、日常生活では通常本名よりもこのニックネームを使用するとのことである。そのため、タイ人のニックネーム使用が、少なくとも日本人のそれほどには親しさの積極的な表示であるとは言えない。また、学校などの公式な場での自己紹介は最初の一回のみ本名を名乗ることが多いが、本名が長く聞き手が覚えられないことが多いため、とくに今回は相手が日本人であることに配慮してニックネームで名乗ったとのことである。

009	マイ:	なんか-なんか聞いて::
010		(3.0)
011	マイ?: ⇒	いい顔でしょ::
012	全員:	hyaaaahhhhaahhh（拍手）
013		(2.0)
014	坂本: ⇒	自分を教えてくれる**形容詞**は::?
015	全員:	hhhhhhhhhh
016	山平: ⇒	<u>きれ:::い!</u>
017	全員:	おおおおお hhhhhh((拍手))
018	フォン:	きれい
019	全員:	お hh お::::おお:::hhh

　フォンは、ブンと同様、出身国と名前（ニックネーム）のみを述べ（001）、そのあとに沈黙がある（003）。この沈黙は他のメンバーがフォンのさらなる情報提供を待つ間であると言えるが、フォンからの情報開示はない。004 行目の森田の「ずるいずるい」という発話は、日本語能力試験 1 級に合格しているほど日本語能力がありながら、フォンの情報開示が少ないことに向けられている。009 行目で、タイ人留学生のマイがフォンから情報を引き出すための質問を聴衆から募ろうとする。すぐには質問が出ず、マイは「いい顔でしょ?」とフォンの外見について褒める（011）。それを受けて、坂本がフォンに「自分を教えてくれる形容詞は?」と質問する（014）。つまり、自分の性格や外見や特徴について「形容詞」を用いて述べるように求めている。外見についての褒めの後の連鎖上の位置にこの質問が置かれていることから、次に来る答えは「いい顔」を表すような形容詞「きれい」等が来ることが想定される。しかし、フォンからは答えが出ず（自慢回避）、山平が「きれい」と述べ（016）、その後にフォン自身の口からも「きれい」という形容詞が発せられる（018 行目。ただし、この発話が冗談として受け取られていることは、019 行目から明らかである）。

　ここから明らかになってくるのは、まず、フォンが出身国と名前のみを述べ

ることによって、自らを「留学生」としてカテゴリー化していること、自己紹介を他者の手にゆだねていることである。次に、日本人学生が彼女を「留学生」として扱っている様相もうかがえる。坂本の「自分を教えてくれる形容詞は?」という質問は、通常、ネイティブスピーカーである日本人に対してなされる類のものではない。「形容詞」という文法用語を使っていること、そして、このような質問が日本語教室などのアクティビティとして行われていることからそのことが指摘できる。この質問の背景については続く3で後述する。

また、周囲のメンバーが彼女の外見を褒めていること、フォンが自慢回避をしていることから、彼らがフェイス・ワークを行っていることがわかった(018行目では自らの口から「きれい」と述べているが、これは冗談としてなされている)。

会話例6 【2011年4月21日「マイの自己紹介」】

```
001  マイ:   ⇒  M1のマイで:す
002  複数:       マイさ:::ん
003  マイ:   ⇒  自分の方から言うのもなんかあれなんですけども:(2.5)う:::ん
004                料理が上手で::す
005  全員:       おおおおおおお(拍手)
006  マイ:   ⇒  や-でもタイ料理はできませ::ん
007  全員:       えええええええええええええ
008  森田:       何料 [理
009  ？ :            [何[料理
010  坂本:            [何料理
011  マイ:   ⇒  まあ日本料理です.
012  全員:       お[おおおおお
013  全員:         [えええええええ
014  山原:       え:すご: [い
```

015　マイ：　　　　　　　[(・・・)とか(0.2)漬物もしま::す.
016　山平：　　　すげえええええ::::::::!
017　マイ：　　　よろしくおねがいしま:::す.

　マイは冒頭で学年と名前[25]を述べているが、ブン、フォンと異なり出身国には言及していない（001）。しかし、既に彼女がグループ内において知られ、受け入れられていることは、聞き手の反応からうかがえる（002）。
　マイは、まず「自慢は避けるべき」との認識を示しつつも（003）、他の学生の自己卑下や謙遜とは対照的に「料理が上手」と自慢をしている（004）。それにもかかわらず、聞き手に受け入れられている（005）。
　次に、「でもタイ料理はできません」と述べている（006）。マイは得意料理ではなく、苦手料理に言及しており、しかもそれは「タイ料理」である。この発話は2つの働きをしている。1つは、あえて苦手料理に言及し自己卑下することで、先ほどマイ自身が行った自慢に対するバランスを取る働きである。もう1つは、カテゴリー付随活動[26]を利用した冗談である。聞き手はほぼ全員、マイがタイ人であることを既に認識しており、「料理が上手」といえば「タイ料理が上手である」ことを一般的に予想する。マイは自分がタイ人としてカテゴリー化されていることを知りつつ、そのカテゴリーから予想されることと異なることを述べることで冗談としている。聞き手の予想が外れたことは、その反応から明らかである（007）。
　最後に、聞き手から催促を受けた（008-010）マイは、得意料理の正体が「日本料理」であることを明かすことによって、日本人学生の聞き手に親しみを積極的に感じさせている。

---

25) 今回のデータでは、タイ人留学生の中でマイのみがニックネームではなく本名を使用していた。ただし、マイの本名はタイ人の名前の中では短く覚えやすいため使用したということである。マイはタイ人留学生の間ではニックネームで呼ばれている。
26) カテゴリーにはその成員が行うことを一般的に期待されているような活動があり、Sacks (1972) はそのような活動のことを「カテゴリー付随活動」と呼んだ。

日本語（流行語なども含む）に関して知識を持つ「母語話者（日本人学生）」としてふるまっており、王は「外国人留学生」としてカテゴリー化されている。王は訂正をしようとするが断念し（006）、専門と日本滞在歴（007）に言及している。王は自らを「留学生」としてカテゴリー化しており、周囲も彼を「留学生」としてカテゴリー化している。

会話例8 【2011年4月21日「ダオの自己紹介」】

```
001  ダオ: ⇒  え:タイから来ましたダオと申します:..(人見知りです)
002  坂本:      hahaha新しい情報でした:
003  ダオ: ⇒  あそうですね:最近むずかしいなあ:と感じたのは:あの:
004               先に人に話しかけることですね.
005  山原:      あ:::::::::
006  ダオ: ⇒  こう見えても人見知りするんで(.) [あの:まあ先にどんどん=
007  山原:                                    [hahahah
008  ダオ:    = 声をかけ:てやってください.
009  全員:     は:::い
```

ダオは出身国に言及し、名前（ニックネーム）を名乗った後、外見とはギャップのある短所（人見知り）について自己卑下的な自己開示をしている（001, 003, 004, 006）。そのうえで声をかけてほしいと述べ（006, 008）、他のメンバーと積極的に仲良くなりたいという意思表示をしている。ダオの自己紹介は、留学生カテゴリーよりも自分の個性に焦点をあてたものと言える。

3. 成員カテゴリー化、ポライトネスの観点からの考察

以上の結果から、日本人学生と留学生がお互いにどのように自分と他人をカ

テゴリー化しているのかについてまとめる。

　日本人学生は、総じて「研究科メンバー」「仲間」という共有カテゴリー集合を利用していた。呼称には、ニックネームや研究科の役職名が顕著に使用されていた。これは、ポジティブ・ポライトネス・ストラテジーとしての「仲間内のアイデンティティ・マーカー」の使用にあたる。また、研究科内のエピソードに言及する例も多かった。

　いっぽう、留学生は、「留学生 – 日本人学生」という対カテゴリー集合を利用している例が多かった。呼称は、日本人学生のように親しさのマーカーとして利用している例は見られなかった。さらに言及内容は、出身、学年、専門など最小限の情報開示に留まるものが多かった（ブン、フォン、王）。これらは「外国人留学生」として自らをカテゴリー化するふるまいと言える。また、日本人学生にも、留学生の発話を引き出そうとする（坂本）、留学生の発話訂正をする（山原、森田）など「日本人学生 – 留学生」というカテゴリー集合を利用したふるまいが見られた。ただし、留学生の中には、留学生カテゴリーよりも自らの個性に焦点をあてた自己紹介をする者もあった（マイ、ダオ）。

4. フェイス・ワークにおける協力

　次に、日本人学生と留学生の自己紹介の双方に笑いを交えた自己卑下や自慢回避の傾向が見られたことから、ゴッフマン（2002）のフェイス・ワークにおける協力という観点でデータを考察する。

　日本人学生は自己紹介者全員が、自己卑下的な情報開示を積極的に行っていた。そして聞き手に笑いで受け止められていた。このことは、自己卑下が親しみやすさを示す冗談として機能することを表している。

　いっぽう、留学生には積極的な自己卑下的情報開示はあまりなかったが、質問の答えとして自慢を回避するような傾向は見られた（ブン、フォン）。特に、ブンは特技についての質問に対して「寝る」と答えるなど冗談として親しみや

すさを表示するような返答を行っていた。特技や趣味についての質問は、褒めのリソースを得るための手段になりうることから、グループのメンバーたちが、他者を褒め、自分は謙遜するフェイス・ワークにおける協力を行っていたことがうかがえる。またダオは自己卑下的な側面を開示しながら、積極的に関係を形成したいという主張を行っていた。

　他の学生とは異なる例として、マイは配慮を示しながらも自慢を行っていた。それにもかかわらず、聞き手に受け入れられていたのが印象的である。「褒め‐謙遜」という相互的な配慮を明示的に行う必要のない関係性に変化している可能性も考えうる。

　表9に、自己紹介での成員カテゴリー化とフェイス・ワークの結果を示す。

表9　自己紹介場面における成員カテゴリー化とフェイス・ワーク

	日本人学生	留学生
呼称	ニックネーム、研究科内の役職名	本名（ニックネーム）
言及内容	研究科内のエピソード	出身、学年、専門
フェイス・ワーク	自己卑下（冗談） 「おっさん（20代女性）」 「年食ってる（30代女性）」 「出来が悪い」	褒められた際の否定（自慢回避） 冗談
カテゴリー化	研究科仲間	外国人留学生 個性（日本料理が得意なタイ人） （人見知り）

第 5 節　分析 2
―自己紹介に期待するものと場の制約―

　日本人学生が「共有カテゴリー集合」を用いて研究科仲間としての「共－成員性」を指向していること、そのいっぽうで留学生は「対カテゴリー集合」を用いて「留学生」としてふるまっている人、「留学生」というカテゴリーからは意外性のある個性に言及する人とさまざまであったことが明らかとなった。また、日本人学生と留学生双方が自己紹介に冗談や自己卑下を交えていたことが示された。
　この新入生歓迎会から 3 週間程が経過した 5 月 11 日、院生室内で森田、ダオ、山原、山平、小野らによる自己紹介に関する雑談が行われた。雑談の内容は、森田のアルバイトについての悩み相談である。森田はある中小企業の外国人（ベトナム人）研修生に日本語を指導するアルバイトをしている。この外国人研修生たちは本国（ベトナム）で 5 ヶ月間日本語を勉強した後、日本で 1 か月の日本語研修を受ける。彼女たちの日本語能力は初級前半修了程度、つまり簡単な意思疎通ならできる程度である。森田は、彼女たちに受け入れ企業の担当者の前で自己紹介をさせなければならない。しかし、彼女たちの自己紹介が「基本情報のみでおもしろくない」のでどうしたら面白い自己紹介がさせられるか、という悩み相談である。この悩み相談に対して、会話参与者からいくつかの提案がなされるのだが、その中で 4 月 21 日の歓迎会の自己紹介が繰り返し参照される。ここでは、森田をはじめ、彼らが「良い自己紹介」をどのようなものだと考えているのか、「自己紹介」にどのような場の制約を感じているのかが繰り返し語られる。さらにこれらの語りを通して、彼らが自分自身と、同じ院生室メンバーである留学生のダオやフォンをどうカテゴリー化しているかも示されている。この会話データの分析を通して、彼らの個別具体的な文脈

について掘り下げて検討する。

1.「自己紹介」についての悩み相談

会話例9　【2011年5月11日　「森田の相談」】

001	ダオ:	なんか:タイでは:日本みたいに:一発芸とかそういうのはない
002	森田:	ふ::ん
003	ダオ:	で::面白いこととか:予想外のこととかもこう見えてるとか
004		逆に言ったりする
005	森田:	ほ:::なるほど:::
006	ダオ:	これについて研究 hhh
007	森田:	や-¥研究じゃないっす¥hhh　[全然研究ではないっす.
008	ダオ:	[hhhh
009		hhh
010	森田:	あの仕事のほう:仕事のっていうか[バイトのほうで:
011	ダオ:	[はい
012		はい
013	森田:	その:中国とベトナムから:3年間(.)働きに来るんですけど:
014	ダオ:	うん
015	森田:	1か月:日本語勉強し↑て:そっから会社に行く:その1か月の間に:
016	ダオ:	ああ::
017	森田:	⇒ 自己紹介しないといけないんですよ(.)で:でも:いったら:みん日[27]の

---

27) みん日とは、『みんなの日本語』（スリーエーネットワーク, 2012）という世界で最も使用されている日本語初級教科書を指す。ⅠとⅡから成り、各25課構成。Ⅰが修了すると初級前半修了レベルとみなされる。

018		⇒	**25課まででできるような自己紹介**しかできないわけですよ(.)この
019			(.)日本語教育的にやら‐せると:
020	ダオ:		はい
021	森田:	⇒	私は何歳で:趣味はなになにで:((手拍子を打ちながら))
022	ダオ:		はい
023	森田:	⇒	えと:h¥犬がいます¥hとか:
024	ダオ:		はいhhh
025	森田:	⇒	どこどこにすんでいますhhみたいな
026	ダオ:		はい
027	小野:		うん
028	森田:	⇒	もうそれを:もうひどいとき13人ぐらいやるんですよ
029	ダオ:		ふ::ん
030	森田:		もうhh
031	ダオ:		hhhh
032	森田:		もう5人目ぐらいでもうええわってなるじゃないhhですかhhh
033	ダオ:		あ:::::
034	森田:		だから↑::それを↑::
035	小野:		ん::
036	森田:		(ばらばらして:)
037	ダオ:		お:::
038	森田:	⇒	もっと::おもしろいやつがいい(.)ていう(.)ことを.[いうんです.

　この会話断片の録音は会話途中の001行目から始まっているので、森田がダオに具体的にどのような質問をしたかは不明だが、ダオがタイでは、「面白いこととか:予想外のこととかもこう見えてるとか逆に言ったりする（003, 004）」と答えており、010行目から森田が自分のアルバイト先でベトナム人研修生に自己紹介させる時の悩みを述べていることから、ダオに「タイではどんな自己紹介をするの？」といった質問をしたものと考えられる。森田は、研修生たち

の自己紹介を「みん日の25まででできるような自己紹介しかできない（017, 018）」と形容し、年齢、趣味、飼い犬、住居などの項目を列挙し、それを「ひ・ど・いとき13人ぐらいやる（028）」「もうええわってなる（032）」「もっとおもしろいやつがいいていうことを（企業側が）言うんです（038）」と述べており、「年齢や趣味、住居」などを列挙するような自己紹介は単調で面白くない、という森田の自己紹介に対する捉え方がうかがえる。また、森田はこの相談を最初にダオに持ちかけ、ダオにタイではどんな自己紹介をするかを問うていることから、ダオを「相談に乗ってくれる能力のある人」つまり、「面白い自己紹介についてのヒントを与えてくれる日本語に熟達した留学生」と捉えていることが示される。さらに、017行目で「みん日の25課までできる」ような「自己紹介」という教科書の略称や内容に触れる表現は、この教科書を使って勉強した（既に学習を終えており、日本語学習においてそれがどのようなレベルの位置づけかがわかる）日本語学習者、もしくは日本語教育に携わる者にしか伝わらない表現である。森田は、この表現が伝わるようなメンバー（日本語教育に詳しい人）としてダオのことをカテゴリー化していると言える。

　上記のような悩みを受けて、その場にいた山平、山原、小野は口々にベトナム人研修生にさせるべき「面白い自己紹介」の提案を始める。次項では、この提案から、彼女らの「自己紹介観」と、自らと他のメンバーをどのようにカテゴリー化しているかを分析していく。

2.「面白い自己紹介」のための提案

アルフレッド・シュッツのレリヴァンスの理論

　森田の悩み相談に対して、彼女たちは「面白い自己紹介」の提案を始めるのだが、この提案の材料に使われるのは、彼女たちの知識の集積、過去の経験の

記憶である。アルフレッド・シュッツのレリヴァンスの理論（1996）は、わたしたちがある問題をなぜトピック化し、そのトピックをどう解釈するか、その問題にどう対処するかを論じたものだが、ここではそのトピックをどう解釈するかについての「解釈のレリヴァンス」を応用できると考える。シュッツはカルネアデスの例を用いてこのレリヴァンスについての説明を行っている。ある男が暗い部屋の中に入っていくと、見慣れぬロープのようなものがある。しかし、暗いためにその物体の姿はしかとは見えない。それをロープだと捉えるか、蛇だと捉えるか、その解釈の際に、その対象と比較されうる、類似性、同様性を持つ記憶によって保持される知識集積が利用されるのである。

　森田の悩み相談「ベトナム人研修生に面白い自己紹介をさせるにはどうしたらよいか」に対して、ある者は「新入生歓迎会の際の留学生の自己紹介」を持ち出し、ある者は「自分が日本語教師として指導した外国人研修生の自己紹介」を参照例として持ち出す。それは、彼らにとって、その2つが前意識的な段階で類型性を持っていた（つまり、似た対象として感じられた）ということであろう。このような観点も、分析に取り入れていくこととする。

「面白い自己紹介」の提案とカテゴリー化

会話例10　【2011年5月11日　「山平の提案1」】

```
001　山平：　　おねがい-ごととか.お願いごとはおかしいかな:
　　　　　　　（中略）
021　山平：⇒　このまえほら-ダオさん-このまえIさん来てて
022　　　　⇒　ダオ君の自己紹介のあのわからへん部分思い出してて(0.2)
023　　　　　　あ[の-あの
024　ダオ：　　　[ああ-うんうん
025　山平：⇒　自分から話しかけんのが難しいという[ことで=
```

第4章　自己紹介場面に見る関係構築

```
026  ダオ：                    ［あ:あ:あ:
027  森田：    あ:
028  山平：   =話しかけてくださいって言って［たから:
029  ダオ：                    ［あ:言ってました:
030  山平：⇒ こう:ここわからないんでここ教えてくださいってラストでこう締め
031       で言うとか::
032  森田：⇒ なるほどね:［それは使えるってかんじやね:
033  ダオ：          ［うん
```

　山平は、「面白い自己紹介」の一例として「お願いごと」（001）をするのはどうかと述べている。彼女は、そのモデルとして、新入生歓迎会の際のダオの自己紹介例（会話例 8 参照）を引用し、「自分から話しかけんのが難しいということで話しかけてください」（022, 025, 028）とダオが言ったように、「こう:ここわからないんでここ教えてくださいってラストでこう締めで言う」ことを提案している（030, 031）。それを、森田も「使える」と評価している（032）。

　彼女が、「研修生に面白い自己紹介をさせる」というトピックに対して、「ダオの自己紹介」を例として持ち出したのはなぜだろうか。ここにシュッツ（1996）の解釈的レリヴァンスが働いていると考えることができる。人は目の前にある対象を解釈する際に、自らの利用可能な知識集積を利用する。「現前している対象と比較されうる――同一性、類似性、同様性などによって相互に関係づけられうる――斉一性をもった類型としての以前の経験（p. 71）」を利用することができる。彼女は「研修生の面白い自己紹介」と同様の類型を持ったものとして「ダオの新入生歓迎会の際の自己紹介」を持ち出している。ここから、彼女が、ダオを「外国人日本語学習者」それも「面白い自己紹介ができるモデルとなりうる外国人学習者」としてカテゴリー化していることがうかがえる。彼女はさらに、「面白い自己紹介」の別の提案を続ける。

会話例11 【2011年5月11日 「山平の提案2」】

```
001  山平:     どこやったかね:(.)韓国でしたっけ犬食べんのって
002            (0.2)
003  小野:     うん.
004  森田:     ベトナムも ［食べますよ
005  山原:              ［え‐中国も食べますよ
006  山平: ⇒  ふんﾟそっかそっかﾟ じゃああまり面白くない(です)ね
007            その国の人ばっかりやったら＝
008  小野:    ＝でも日本人にとってはhh¥びっくり¥じゃないhh
009  森田:    ん［::
010  山平: ⇒   ［なんかすごい面白い‐い::自己紹介で:
011  小野:    うん
012  山平: ⇒  犬の写真持ってきて:めっちゃかわいいでしょ:¿
013  小野:    うん
014            (0.5)
015  山平: ⇒  これね‐食べるんです.ってhhいう¥ ［紹介があったら¥
016  森田:                                    ［hhh
017  ダオ:                                    ［hhh
018  小野:                                    ［hhh
019  小野:    きついな:
020  山平:    hhhhhh
021  森田:    ［おいしいんですよ:とかやったら面白いですよね:
022  ダオ:    ［hhhhh
023  小野:    ［hhhhhh
024  山平:    ［hhhhh
025  山平: ⇒  うん.hあっ‐そ‐そう繋げてくる:いきなり食べるんですっていう
```

97

026		んじゃなくて:(.)かわいいでしょ:っていったんクッション置く
027		あたりが
028	小野:	hhhhh
029	森田:	.h
030	山平:⇒	**関西人のこう - オチ的に1回こうあげたなっていう**(.)こう -
031		**いいな:と思って.**

山平は、第二の提案として、「犬を食べる」などの珍しい習慣を紹介するのはどうかと提案している。さらに、「すごい面白い自己紹介」（010）としてすぐに「犬を食べる」というのではなく、一度「かわいいでしょう」と言ってから、実は「食べる」というように（012, 015）、「オチ」があるのが良いと述べている。山平は、自己紹介に、こういった「珍しさ」「オチ」が重要であること、さらに自分が「関西人」であるというカテゴリー化を行っている（030, 031）。

会話例12　【2011年5月11日　「山原の提案」】

001	山原:⇒	なんかでも:(.)よくよく話聞いてみるとい - 面白いネタいっぱい
002		もってることって多いじゃないですか:
003	森田:	う [ん
004	小野:	[う:::ん
005	山原:	なんか:自己紹介やってって言われたら:ほんとにありきたりな家族構
006		成とか[:仕事ぐらいしか=
007	山平:	[ん:[::
008	小野:	[うん
009	山平:	=言わへんけ[ど:
010	森田:	[なんか無難な表現えらびますもんね:
011	山原:⇒	そ::でも[なんかよくよく聞くといろいろ出てくるから:
012	小野:	[うん

013　小野：　　　う:ん
014　山原：⇒　たとえばなんか国でどんなことやってたの‐ま仕[事でも勉強でも=
015　山平：　　　　　　　　　　　　　　　　　　　　　　[ん:::
016　山原：⇒　=生活でも:語らせて:
017　森田：　　　°うんうん°
018　山原：⇒　あ‐それは面白いです‐そういうの使えよ‐使えるよ:

　いっぽう、それまで話を聞いていた山原は、「研修生に面白い自己紹介をさせる」提案に、自分が過去に日本語教師として「以前研修生に面白い自己紹介をさせた」類型を利用している。研修生は、単調な自己紹介をしがちだが、彼らの国での経験を語らせることによって、「いろいろ（つまり、多様な）」(011)自己紹介が出てくると提案している。ここからは、彼女が画一的ではなくその人の経験を反映した個性が出た自己紹介を面白い自己紹介と捉えていることがわかる。また、018 行目で「面白いです」「使えるよ」という表現で情報提供をすることによって、日本語教育についてのアドバイスができる日本語教師の先輩としての自己カテゴリー化が見られる（大学院の学年上は森田のほうが先輩）。

会話例 13 【2011 年 5 月 11 日　「場の制約 1 と山平の提案 3」】

001　森田：⇒　うん‐結構日本人も困りますよねどっちかっていえば
002　山平：　　　[う:::ん
003　小野：　　　[う::　[:ん
004　山原：　　　　　　　[やっぱり自己アピールの最初::の::まず第一歩::やもんね::
005　小野：　　　う:::ん
006　　　　　　　(0.8)
007　森田：⇒　どの(0.3)ゆったらどの面を出せばいいのかもわからないじゃない
008　　　　　　　すか

009　山原：　　う［ん
010　小野：　　　　［うん
011　森田：⇒　**このコミュニティにおいて:**
012　山平：　　う::ん
013　　　　　　(0.5)
014　山平：　　しかも(.)ちゃんとした企業さんなんでしょその今回その
015　　　　　　そ［れは難しい‐みんな(・・・)になる
016　山原：　　　［(求めるものが・・・よね)
017　小野：　　　［う:ん
018　森田：　　［でも‐でも中小企業の::
019　　　　　　(1.3)
020　森田：　　お‐おっちゃんたちで(.)
021　山平：⇒　あ:［ちょちょっと:ふざけてもいいすねじゃあね
022　小野：　　　　［¥それそれはちょ［っとね:¥hh
023　ダオ：　　　　　　　　　　　　　［hhhhhhh
024　森田：　　たぶん(.)でもか‐みんながみんな関西ってわけでもないので:
025　山平：　　あ:::
026　小野：　　hh¥ああ難しい［なあ:::¥hhhh
027　森田：　　　　　　　　　［hhhhh
028　ダオ：　　　　　　　　　［hhhhhhh
029　山平：　　難しいなあ［それ::::
030　森田：　　　　　　　［¥(・・・・・・でもないてた)らしいし:::
031　　　　　　(.)
032　山平：　　これ難しいな:
033　森田：⇒　**関西っていうか大阪のおっちゃんとかやったら完全につかめたこと**
034　　　　　　**が‐つかんだもん勝ちみたいな**
035　山平：⇒　う::ん**大阪にいてたら中身おっさん入ってますとかいうけど:**
036　ダオ：　　h［hhhh

100

037　小野:　　　　　[hhhhhhhh

　彼らが、自己紹介のどのような側面に難しさや制約を感じているのかが、この会話断片からわかる。森田は「結構日本人も困りますよね」と述べ（001）、研修生だけでなく、自分たちにも当てはまることだと言い始める。その「困る」原因の解釈として、山原は、「やっぱり自己アピールの最初::の::まず第一歩::やもんね::（004）」と述べ、「自己アピールの第一歩」としての重要性が自己紹介にはあるとし、森田自身は、「どの面を出せばいいのかもわからない」「このコミュニティにおいて」と、その集団内、つまり、その場に適切なふるまいをすべきであるという制約について語る（007, 008, 011）。
　いっぽう、山平は、相手が中小企業の「おっちゃん」ならば、「ちょっとふざけてもいい」との解釈を述べる（021）。それに対して、森田は一度「みんなが関西ってわけでもない（024）」としたうえで、「関西っていうか大阪のおっちゃんとかやったら完全につかめたことが-つかんだもん勝ちみたいな（033, 034）」と述べている。つまり、他の場所では不可能だが「関西」「大阪」という場ならば、「（相手の気持ちを）つかんだ」らそれでよいという理解を示す。山平は続けて「大阪にいてたら中身おっさん入ってますとかいうけど:（035）」としている。その発話を聞いて、ダオも小野も笑っている。（留学生のダオも含め）彼らの間では、「関西」「大阪」という場が自己紹介においてふざけることが許容されるのだという共有認識があることを示している。そして、035行目の「中身おっさん入ってます」は、まさに山平が新入生歓迎会で述べたことそのものである（会話例1参照）。

会話例14 【2011年5月11日 「小野の提案」】

001　小野:　⇒　**自分を形容する::形容詞を**　[¥1個だすとか¥hhh
002　山平:　　　　　　　　　　　　　　　　　[(それすごい)
003　森田:　　　°hhh°

第4章　自己紹介場面に見る関係構築

```
004  山平: ⇒ ¥それ-あれでしょ新歓の時もやってましたよね.確か¥
005  山原:   あ:[::
006  小野:     [や-やったっけ?
007          (0.5)
008  山平:   誰かが(出してた)んでした[っけ?
009  山原:                         [(誰やった)え:と:::
010  小野:   あ::[やってはったやってはった
011  山平:      [フォンさん[ですか?
012  山原:                [きれい(.)とか[なんかいうやつよね::
013  森田:                             [h[hhhh
014  ダオ:                               [hhhhhh
015  山平:                                [あ:::いうやつですよね::
016  山原:   そうそうそうそう
017  小野: ⇒ でも形容詞やったら簡単やからいい
018  山平:   確かに
019  小野:   うん
```

「おもしろい自己紹介」として、小野が「自分を形容する形容詞を1個」言わせてはどうかと提案している（001）。そして「形容詞やったら簡単やからいい（017）」と、外国人日本語学習者にちょうど良いという日本語教師的な視点からその理由を述べている。つまり、彼女は自らを日本語教師としてカテゴリー化している。

その意見に対して、山平は、新入生歓迎会の際の同じような場面を、「それ-あれでしょ新歓の時もやってましたよね.確か」とみんなに問う形で参照する（004）。ここでは、彼女はこの場のメンバーが新入生歓迎会に出席しており、知識を共有している者として扱っている。005行目から016行目まで、その問いについてメンバー全員で探索を始め、会の時にフォンが同じようなことをやっていたことを確認するのである（会話例5参照）。新入生歓迎会の当日

には、坂本がフォンに対して自分を形容する形容詞を言わせていた。

　この会話断片からうかがえることは、自己紹介等で本人から情報を引き出す際に「自分を形容する形容詞」を言わせる手法が、日本語教育を専攻している坂本や小野にとっては、すぐに浮かびうるものであること、そして、新入生歓迎会時に、坂本がフォンを「日本語学習者」としてカテゴリー化していたということである。

　また、この場にいるメンバーにとって新入生歓迎会時に起こったことは、共有知識として利用可能であることがわかる。

会話例15 【2011年5月11日　「単調な自己紹介になる理由、場の制約2」】

```
001  森田：   ﾟうん-まーそうﾟ まあそもそもベトナム語でどう-(0.4)
002          ベトナム語っていうか中国語でど:んな自己紹介してんのかなって
003          いうのがあるわ:
004          (.)
005  小野：   う::ん
006  森田：   そもそもどうなんやっていうのはあるんですけどね.
007          こっちでテーマを決めさせて母語で自己紹介させたやつ
008          それを翻訳すればいいじゃないかっていうことも思ったり:
009  小野：   あ:
010  山平：   それでもそんなに(.)かわ-変わるんかなぁ ［国ごとで:
011  森田：⇒                                    ［でも(.)僕ら自己
012          紹介するときに:
013  山平：   うん
014  森田：⇒  25歳で:大阪に住んでますとか言う::わなくないすか？
015  山平：   ［まあね::
016  小野：⇒  ［それは教科書-が:そうなってるからです ［よね:
017  森田：                                        ［それ(.)だから:
```

```
018    山平:       ふ:[::ん
019    森田: ⇒       [実際自己紹介をするときってのは:(.)そういう基本情報って
020          ⇒    なんか必要そうに思うけれども:
021          ⇒    実際いらない:そ[れは個別に聞けばいいこと‐(0.3)いい気がする
022    山平:                   [確かに年齢とか言わなくても別に困りませんよね:
023    小野:       う::ん
024    山原:       なんかここでのでも自己紹介は確実にあの::(0.8)テーマよね::
025    森田:       そ[:
026    山原:         [テーマはっ¥hh(ていうかなんていうかさ)¥[hh=
027    森田:                                              [hhh
028    山原:       =場面によって求められるものが::
029    山平:       う::ん
030    山原:       .hh.h
031    森田: ⇒    指導教官とテーマ[は言わないと(あきませんからね:)
032    山原:                    [テーマは[絶対(とりあえず言う:)
033    山平:                            [絶対言わなあきませんからね:::
```

　森田は、自己紹介時に住所や居住地などの情報を、自分たちは言わないこと（011, 012, 014）、そのような情報は言う必要がないと考えていること（021）を述べる。小野は、日本語学習者がこのような基本情報を自己紹介時に言うのは、（日本語の）教科書の影響であると述べる（016）。

　山原は、「ここでの自己紹介はテーマ」、つまり、場に要求されていることを述べるべきだと主張する（024, 026, 028）。森田は「ここ」をこの「大学院の研究科グループ」と捉え、「指導教官と（研究）テーマは言わないといけない」という捉え方を示し、山原と山平もオーバーラップして「絶対言う」と共通認識を示している。実際に、新入生歓迎会では山原と板垣が指導教員について触れていた（会話例2, 3参照）。

3.「自己紹介観」に見る成員カテゴリー化

　上記の分析から、彼らそれぞれが、面白い自己紹介とはどのようなものだと捉えているか、また彼ら自身と留学生をどのようにカテゴリー化しているかを、表10に示す。

表10　メンバーの自己紹介観と成員カテゴリー化

名前	面白い自己紹介とは	自己カテゴリー化	留学生（ダオ、フォン）のカテゴリー化
森田	基本情報だけではよくない	日本語教師	ダオ：相談者（上級日本語学習者）
山平	お願いごとをする 珍しい話をする 「オチ」がある話をする	関西人 大阪人	ダオ：留学生（上級日本語学習者）
山原	個人の経験を反映した多様な自己紹介	日本語教師	
小野	自分を形容する形容詞を使う	日本語教師	フォン：日本語学習者
ダオ	面白いこと、予想外のことを言う	上級日本語学習者	

　このようにしてみると、彼らの新入生歓迎会時のふるまいが、彼らがそれぞれに考える「面白い自己紹介」観と関連するものであったことがわかる。また、彼らが悩み相談の会話において、何者としてふるまっているかということも示された。彼らは、同じ大学院研究科の大学院生であるが、それぞれ「日本語教師」「大阪人」「上級日本語学習者」として相応の知識を持つ者としてふるまっていたと言えよう。また、彼らが同じ院生グループのメンバーである留学生のダオを、日本語教育についての相談に乗ってもらえる（日本語学習の経験を持つ）留学生としてカテゴリー化していることも明らかとなった。

4. 場の制約

彼らが「面白い自己紹介」について語るとき、場面における制約についても意識していることが示された。会話例13の森田の「このコミュニティにおいてどのような面を出したらいいかわからない」といった発話、会話例15の山原の「場面によって求められるもの」があるという発話からもうかがえるように、自己紹介はその場面や集団に適切なものでなければならないという意識である。

会話例13で場の制約について語っているくだりで、山平は「大阪にいてたら中身おっさん入ってますけどとか言う」と述べている。山平は、新入生歓迎会での自己紹介の際に「中身おっさんが住んでる」といった発話をしていた。彼女は、歓迎会の場を「大阪」であり、面白いことを言ってウケを狙うべき場だと認識していた可能性がある。いっぽう、会話例15では、森田・山原・山平は「ここ（大学院）での自己紹介は、指導教官とテーマを絶対言う」と述べており、歓迎会でも指導教員については述べていた。彼らにとって歓迎会の場は、大学院にかかわることを言うべき場であるという制約があったのであろう。

第6節　まとめ

本章では、留学生と日本人学生が出会いの初期にどのように友人関係を形成していくか、自己紹介場面をもとに、関係の多様性に注目して分析を行ってきた。成員カテゴリー化装置を使用し分析したことで、まず、さまざまなストラテジー（呼称、エピソード等）を使用し、相互に配慮しながら関係を形成しようとしている彼らの多様な姿を描きだすことができた（「研究科仲間」というカテゴリー集合を共有する者、「留学生‐日本人学生」の関係にある者、その

第6節　まとめ

ようなカテゴリーよりもむしろ個性を示す者等)。次に、友人関係形成のためのストラテジーについて、いくつかの示唆を得た。仲間内のアイデンティティ・マーカーの使用や、自己卑下的エピソードの開示により親密さを示すこと等である。

　また、彼らの後日の自己紹介についての雑談から、彼らが自己紹介についてどのような信条(「面白い自己紹介とは何か」についての考え方)を持っているかが示された。彼らは総じて、自己紹介を、このコミュニティにおける自己アピールの第一歩として捉えており、面白く個性の感じられる自己紹介をするべきだと考えていることが示されていた。

　彼らの多くが「日本語教師」としての立場から「自己紹介」を捉えており、彼らの専門(日本語教育)がそのふるまい方(留学生への助け舟等)に色濃く反映していることも明らかになった。さらに、5月の時点で、日本人学生がダオを、モデルとなるべき自己紹介ができる人として、また相談に応えてくれる知識を持った上級日本語学習者としてカテゴリー化していることがわかった。

　自己紹介には場の制約も強く働いており、彼らは新入生歓迎会の席を「大阪」で「ふざけてもよい」「ウケを狙うべき」場であり、それと同時に大学院に関する内容を話すことが求められていると意識していることが示唆された。

　もうひとつ、本章におけるデータから得られた知見は、会話参与者たちのフェイス・ワークにおける協力の在り方である。積極的か消極的かの差はあれ、他者については褒め、自分については冗談まじりに自己卑下する様相が観察された。これはフェイス・ワークにおける協力であると同時に、親密さを示すストラテジーともなっていた。いっぽうで、自慢しながらも他のメンバーに受け入れられている例もあった。これは、フェイスへの配慮の仕方が変化するという今後発展していく彼らの関係性の1つの在り方である可能性がある。次章では、この「褒め」「自己卑下」の様相の時間経過による変化を中心に分析していくことで、彼らの関係性の変化を描きだす。

//
第 5 章

褒めと自己卑下の変化に見る関係構築

第 1 節 「褒め」が対人関係構築に果たす役割

　第 4 章では、歓迎会の自己紹介において「褒め」と「自己卑下」が行われる様相が示された。本章では、この「褒め」と「自己卑下」が通時的にどのように変化していくかを分析することによって、関係性の変化を明らかにしたい。
　「褒め」は、人間関係を築く上での潤滑油として働くと言われてきた（Wolfson, 1983；Holmes, 1995；小玉, 1993）。ゴッフマン（2002）は対人関係構築の初期には「褒め」が頻繁に現れるとしている。また、自分の欠点をそれとなく明かしてしまえば、他人が自分を傷つけるような発言をしないよう心がけることができ、自分が傷つくのを未然に防ぐことができるので「自己卑下」も「褒め」と同じく対人関係構築に有用なものだとしている（p. 27）。
　わたしたちは日常生活の中でも、「褒め」が対人関係構築のために有用であると意識しているのではないだろうか。現在、大型の書店に足を運べば、ビジネス、子育て、恋愛、その他の対人関係を円滑に進めることを謳った「褒め」に関連する書籍が、所狭しと並べられていることからもそれがわかる。
　では、『褒め』はなぜ対人関係構築に結びつくのか。その第一の要因は「互いのフェイスの保持」にあると言える。Svennevig（1999）は、関係構築とは互いの自己イメージに関心を持ち、敬意を払い、相互行為を通して一体感のある状態を交渉することだとした。そして、知人が友人という関係性に発展するためには、互いに好意を持ち、連帯感や親しさが強められているという証拠が必要になること、これは、共有の関与や、そのペアに特有の個人的な情報を共有することによって認識されることを示した。特別な関与をしていることは自発的に象徴的なもの（親切な行為、お世辞、贈り物）を相手に提供することで示される。また、重要かつ私的な情報をわけあうことは、関係に独自性や特別な感覚を与える。本書第 2 章において、Svennevig（1999）に基づき、友人関

係とは、「互いのフェイス（自己イメージ）を守るために、特別の関与（例：お世辞を言いあう等）を示しあう関係であり、かつグループ間に特有の情報・思考・感情等を分かちあっている関係である。」と定義した。つまり、『褒め』は互いに特別の関心を持っていることの表明になり、互いのフェイスの保持に繋がり、円滑な対人関係の構築・保持に役立つのだと言える。

　第二の要因は、それが相手とコミュニケーションを取る際に話題を繋ぐ道具となりうるからではないだろうか。たとえば、相手との話題に困ったときに、相手の持ち物に目をとめて、「そのスカーフ、すてきですね」などと褒めたりすることはよくあることである。このような雑談上の話題開始の方法の1つとして褒めが機能することは、雑談の構造分析を行った筒井（2012 p. 284）でも触れられている。日本語教育の場でも、初級段階からこういった褒めの表現が指導されている。初級教科書『みんなの日本語初級Ⅰ　第2版　本冊』（スリーエーネットワーク、2012）では、ごく初期段階の第7課で、以下のような会話の例が挙げられている。日本に来て間もないブラジル人のマリアが、山田家に初めて招かれ、友子にコーヒーを勧められてそれに応じる場面の会話である。

　　　山田友子　　　　：コーヒーはいかがですか。
　　　マリア・サントス：ありがとうございます。

　　　山田友子　　　　：どうぞ。
　　　マリア・サントス：いただきます。
　　　　　　　　　　　このスプーン、すてきですね。
　　　山田友子　　　　：ええ。会社の人にもらいました。
　　　　　　　　　　　メキシコのお土産です。
　　　　　『みんなの日本語初級Ⅰ　第2版　本冊』第7課　「いらっしゃい」（抜粋）p. 57

差し出されたコーヒーカップに添えてあったスプーンに目をとめたマリアが、それを褒める。友子はスプーンがもらいものであること、メキシコのお土産で

第 2 節　「褒め」と「自己卑下」に関する先行研究

あることなどを述べる。会話例はこれで終わっているが、この後、友子が自分もそのスプーンを気に入っていると述べるなど、そのスプーンを話題にして雑談をしばらく続けることが可能になる。このように、「褒め」には相手と会話を始め、コミュニケーションを繋ぐ道具としての機能もあるのである。

　本書で調査の対象となっている留学生と日本人学生の間でも、「褒め」や「自己卑下」は繰り返し行われていた。彼らは、それによって互いのフェイスを保持し、コミュニケーションを繋いで関係構築を行っていたと考えうる。この「褒め」と「自己卑下」の様相とその通時的な変化に注目することで、彼らの関係構築のプロセスの一端を明らかにすることができるであろう。本章では、まず、具体的な分析課題を明確化するために、異文化間コミュニケーション研究と、会話分析における「褒め」の先行研究を概観する（第 2 節）。さらに、「褒め」によっていかに成員をカテゴリー化し、関係を構築するかについての分析方法について述べ（第 3 節）、「褒め」と「自己卑下」に分けて分析を行う（第 4 節）。最後に、留学生と日本人学生の「褒め」と「自己卑下」をめぐるカテゴリー化の様相の通時的な変化と関係構築についてまとめる（第 5 節）。

 ## 第 2 節　「褒め」と「自己卑下」に関する先行研究

1. 異文化間コミュニケーションにおける「褒め」

　「褒め」の頻度や反応、その対象は文化によって大きく異なるとされており、その違いによってコミュニケーションが阻害される危険があると指摘されている。異文化間コミュニケーションのコンフリクトの原因を社会文化的背景の違いに求める対照研究として、日米の褒め言葉を表す形容詞の比較分析を行った

113

第 5 章　褒めと自己卑下の変化に見る関係構築

小玉（1993）や、日タイの属性（親疎、上下、性別等）による褒めの違いを分析したコーサティアンウォン（2010）、日韓の褒めへの応答や対象の違いを扱った金（2002, 2005, 2007, 2010）などが存在する。

　これらの研究は異文化理解のために貴重な示唆を与えてくれるが、関係構築の阻害要因を当事者たちの社会的属性の違いに求めることは、それらの属性が喚起するステレオタイプの再生産につながるという危険性も否定できない。また、これらの研究は基本的に質問紙やロールプレイ、指示を受けた実験室的な会話によるもので、具体的な文脈におかれた実際の友人同士の自然発生的な会話を分析したものではない[28]。そして、その対象も、初対面会話や友人同士の1回に限った会話など、その関係性を1点で切り取ったものであり、その「褒め」の通時的な変化を追った研究は管見の限り見当たらない。

　本書では、それが「異文化」間のコミュニケーションであることも含めて、関係性は会話参与者によって交渉され、変容するものであると捉える。また、「褒め」とそれへの反応には、彼らのおかれた具体的な文脈や関係性、時間軸が大きくかかわるという立場に立つという点において、以上のような先行研究とは立場を分かつ。

2.　会話分析研究における「褒め」と「自己卑下」

　「褒め」に対する返答については、会話分析の分野で Pomerantz（1978, 1984）の研究が挙げられる。隣接ペアの概念において同意は通常、不同意に選好する。つまり、先行発話に対する同意は即座に簡潔に行われるが、不同意は逆に

---

[28]「ロールプレイ」や「実験室的な会話」であっても、その文脈における「自然な」会話だと捉えることができる。しかし、本書では「大学院生活における留学生と日本人学生の関係構築」という個別具体的な文脈の特徴そのものを分析対象にしているため、1回限りのデータ収集のために調査協力者を募り、実験室的な環境で録画・録音するという方法はそぐわないと考えた。

沈黙、言いよどみ、引き延ばしなどを伴って行われる。ところが「褒め」に対する反応には、その「褒め」に同意することと、自慢を避けることの2つの潜在的な葛藤があることを示している。また、相手の「自己卑下」に対する応答の選好は、通常の隣接ペアの選好とは逆であり、同意ではなく不同意である。Lerner（1996）はこのことに触れ、相手のフェイスへの配慮と、発話の連鎖構造が密接に関連していると指摘している。

また、Golato（2005）は、ドイツ語の「褒め」を含む会話を会話分析の手法で体系的に分析している。Pomerantz が「褒め」そのものではなく、「褒め」への返答というごく短い隣接ペアに研究の焦点を置いていたのに対して、Golato は、褒め発話そのもの、第三者による褒めへの同意、褒めへの反応等を含めてもう少し広い連鎖的な文脈にその研究を拡大している。連鎖的な文脈の中で「褒め」を分析することによって、褒めによって行われる行為（発話行為）が明らかとなるからである。たとえば、「褒め」が誘いに対する「断り」の中で行われている場合、その「褒め」は誘い手に対する「感謝」を表すという行為を行っていることになる。

彼女は連鎖的な文脈において、褒めがどう配置され、どのようにデザインされているか、また、話し手がどのように褒めの対象に言及し、褒めのポジティブな側面をどう表現するかを詳細に分析している。

たとえば、会話参与者の関係性を表すものとして、褒めの対象への言及の仕方を挙げている。その対象に初めて言及する際に、言及対象を明示しなかったり（「～が」にあたる部分を省略してきれいだね、とだけ言う等）、指示詞だけを使用する場合は、話し手が、聞き手が共有基盤を持っており、容易にその対象を特定できるものとして扱っていることを意味する。

そして、選好構造を参照しながら、褒めが持つフェイスの保持・社会的連帯感の構築についての議論も行っている。要求・申し出・誘い・評価に対する選好的な応答が社会的連帯感を支持する協調的な行為であるいっぽう、非選好的な応答は社会的連帯感を壊す行為であるとする Heitage（1984）の弁を引きながら、褒めにはフェイスを保持、維持し、社会的連帯感を築く機能があると述

べている。たとえば、発話の第1対成分もしくは選好的な第2対成分に用いられる褒めは、単なる褒めではなく、感謝の表明や相手がストーリーを語るのを促進するなどの社会的連帯感を築く選好的な行為を構成するとしている。また、非選好的な発話の第1対成分もしくは第2対成分に用いられる褒めは非選好的（あるいはフェイスを侵害する）行為を遅らせる働きがあるという。

さらに多人数会話における第二の褒めにも言及し、その中でメンバーの参与のあり方、カテゴリー化にも言及している。つまり、ある会話参与者によって行われた第一の褒めの後に、別の会話参与者によって行われる第二の褒めは、彼らが同様に褒めの対象にアクセスしうること、第一の褒めの発話者と第二の褒めの発話者が協調的な立場にあることを可視化するのである。

「褒め」が関係構築にどう貢献するのかを分析する上で、広い連鎖的な文脈の中でその「褒め」がどのような行為として行われているのか、また、「褒め」をめぐって会話参与者間にどのような成員カテゴリー化が起きているのかを分析することが必要になる。本書においても、Golatoの広い連鎖的な文脈の中にある「褒め」を分析するという手法を取り入れることとする。

第3節 「褒め」と「自己卑下」の分析方法

本章における課題は、対象グループの1年間にわたる関係構築プロセスを、「褒め」と「自己卑下」をめぐる成員カテゴリー化の様相の変化をもとに描きだすことである。具体的な分析手順として、まず、録音した音声データの中から、褒めと自己卑下が行われている箇所を抽出する。次に、以下の4点に焦点を当てて会話分析の手法で分析を行う。その褒めが行われた箇所を含む①話題、②その話題内における「褒め」と「自己卑下」の位置と形式、連鎖構造、③それらを通して会話参与者間でどのようなカテゴリー化が行われているか、④その通時的な変化である。分析にあたって、①話題と③カテゴリー化に関し

て、以下で説明を付加しておく。

1. 話題 —会話参与者の「成員性」との関わり—

　雑談の中で「話題」はどのように生じるのであろうか。無数にあるとも思われる話題の数々の中から、なぜそれが、いま、ここで、向かいあうこの相手との「話題」として選択されるのか。まずわたしたちは、相手と良好な関係を築こうとする限りにおいて、その話題がある程度豊饒化することを指向するだろう。そうであるならば、自分と相手がそのことについてある程度の関心と知識を持っていると想定される話題を選択するのではなかろうか。つまり、その話題を一方が選択し、それをもう一方が受け入れるならば、その話題は双方にとってアクセスが可能で、ある程度の関心があったということが明らかになる。そしてそのような話題を共通に選択できるような成員性を彼らが持っていることを指し示すことにもなろう。

2.「褒め」と成員カテゴリー化

　ここで、「褒め」が成員カテゴリー化とどのようにかかわるのかについて、整理をしておきたい。相手を褒めるとき、わたしたちはその人物の全人格を褒めるわけではない。その人物の「〜として」という立場の部分を褒めることになるのである。たとえば、「女性」「大学院生」「日本人」「娘」「先輩」等のいくつものカテゴリーの担い手である学生がいたとする。そのような学生に向けられる可能性のあるいくつかの「褒め」を例に取ってみる。

　① この論文はとてもよく書けているね。
　② とてもきれいだね。

③　お母さん想いの優しい子だね。
④　後輩の面倒をよく見てくれているね。

①は「大学院生」としての部分を、②は「女性」、③は「娘」、④は「先輩」としての部分を褒めているのであり、これらの成員カテゴリーが問題になっているのだと言える。さらに、それぞれ「大学院生」「女性」「娘」「先輩」としてのフェイスを高めているということもできる。すなわち、「褒め」を分析することによって、彼らの行っている成員カテゴリー化が明らかになると言えるのではないだろうか。ただし、褒められた側がこのようなカテゴリー化を受け入れない可能性も存在する。

第4節　「褒め」と「自己卑下」の分析と考察

1．「褒め」をめぐる成員カテゴリー化

分　析

　ここでは、山原（日本人女子学生、30代半ば）、とダオ（タイ人男子留学生、20代前半）の間に生じた褒めの連鎖を取り上げたい。彼らは同じゼミに所属する、ともに博士前期課程の1年生である。

第4節 「褒め」と「自己卑下」の分析と考察

表11 分析の対象となるデータ

	タイトル	日時	場所	会話参与者
会話例16	「授業での活躍」	4月26日	教室	山原、ダオ
会話例17	「ゼミでの発表」	7月6日	教室	山原、ダオ、フォン（タイ人女子学生、20代前半）
会話例18	「ドクター行く人」	12月16日	院生室	山原、ダオ

「授業での活躍」〈4月26日〉

　入学後まだ1ヶ月が経過していない時期に行われた会話である。彼らは同じ「会話分析」の授業に出席している。山原は社会人入学生で、これより以前に会話分析の授業には出たことがない。ダオは、入学までは研究生をしており、大学院ではなく学部で開講された会話分析の授業に出たことがある。山原は会話分析の授業に出たことがあるかどうかをダオに尋ねる。

会話例16　【2011年4月26日「授業での活躍」】

```
001  山原：　ん::>なんか<会話分析の授業って取ってた::？
002  　　　　　(0.3)
003  ダオ：　°はい:°
004  山原：　前に,
005  　　　　　(0.2)
006  山原：　あ,[取ってたんだ
007  ダオ：　　[ああ
008  ダオ：　はいはいはいあの:[学部生の:[だったんですけど:
009  山原：　　　　　　　　　[そっか: [学部生の:あ::そうなんだ:
010  　　　　　あ::あたし取ってないから[全然わかんない＝
011  ダオ：　　　　　　　　　　　　　[うん:
012  ダオ：⇒　＝いや:hや,なんかその:前回いっしょだったじゃないですか,
```

119

013		グループ>なんか<すごい<活躍>し h¥されてて¥hhh
014		[なんかこっちもなんも意見出せなかっ [たから:
015	山原:	[↑え?　　　　　　　　　　　　　[え,いつ:いつ?
016	ダオ:	え,金曜日.
017	山原:	ああ金曜[日::?ああ全然,
018	ダオ:	[金曜日:う:ん
019	山原: ⇒	え↑全然活躍して¥な [いよ¥hh あれ hh
020	ダオ:	[いやいやいやなんか=
021	山原:	=¥なんで¥hh
022	ダオ: ⇒	なんかもっと:(ね)自分も [意見い-い g-い g-
023	山原:	[うん
024	ダオ: ⇒	いいた-いいたいなっていうか
025		もっと言えばよかっ [たなっていう hhh=
026	山原:	[ええそんなええ:
027	ダオ:	=感 [じで:落ち込んでたん-=
028	山原:	[これからこれから
029	ダオ:	=落ち込んでた [んですよ:.
030	山原: ⇒	[えうそ:えでもダオく-ダオくんも言ってたよね?
031	ダオ:	いや::あの:なんて言うんですか::
032		>なんか<みなさんすごい:::::hh まあ N さんとか::
033		なんか>まあ<経験もある [し: なんか [すごい
034	山原:	[あ,ん::: 　　[ん:ん:ん:
035		(.)
036	山原:	ねえもうこれからよ,[>これから [これから<
037	ダオ:	[ん: 　　　[ん:
038	ダオ:	なんかこれからも自分-の↑:
039	山原:	うん
040	ダオ:	>なんていうんですか<まあ磨 k-磨 k-磨かないといけないな:

第4節 「褒め」と「自己卑下」の分析と考察

```
041              と［いう
042  山原：⇒    ［あ::,あでもあたし(h)もよ:今あたしも ［やも::ん.
043  ダオ：                                          ［う:ん
044              (1.0)
045  山原：    ［°う：ん°
046  ダオ：    ［そうですね,う:ん
047              (0.9)
048  山原：    いっしょに ［がんばろうね:
```

　この話題は山原の自己卑下の報告（010 授業がわからない）によって開始されており、その自己卑下への否定としてダオの褒めが配置されている（012, 013）。ダオの褒めは、ともにグループ活動をしたという共有経験に基づく相手の活躍への評価になっている。注目したいのは、ダオが「こっちも」という表現を用いて、自分との比較において相手を褒めている（014）ということである。

　褒めを受けた山原は、強く否定する（019）。ただし、「意見を言った」ことに対する否定ではなく、「活躍した」というダオのあいまいな評価に対する否定である（評価の否定はできるが、事実は否定できない）。続けて、ダオは山原との比較において「授業であまり意見が言えなかった」と自己卑下を展開させる（022, 024, 025, 027, 029）。その自己卑下を、山原は否定し、褒める（「ダオくんも言ってたよね？」030）。ダオは、山原の褒めが事実から構成されている（「意見を言った」030）ため、否定はしていないが、比較対象として2人よりも先輩で経験のある第三者（Nさん）への評価を持ち出すことで、一連の「褒め」と「自己卑下」の連鎖を終結させている（032, 033）。第三者への評価について山原は否定することはできない（034）。

　山原は、ダオを励まし（036）、ダオは未来への自分の志向、課題を述べ（038, 040）、山原も、その課題は自分にもあてはまることを示す（042）。

　この褒めは、授業という話題の中に位置づけられている。「授業」は彼らが同様に経験している活動であり、双方が同等にアクセスできる話題であると言

える。つまり、豊饒化していく可能性が高い話題である。

また、一連の褒めと自己卑下が、常に相手との比較において行われていることに注目したい。たとえば、ダオの褒めは自分との比較で行われている（012-014）が、このことから「授業で活躍すること＝意見を言うこと」は山原だけでなくダオにもあてはまりうる「受講生がするべきこと」として言及されており、同じ授業に出ている同級生として同じ立場であること（「共－成員性」、串田, 2006）に指向していることがうかがえる。

「ゼミでの発表」〈7月6日〉

入学後3ヶ月目に行われた会話である。授業前の休憩時間、山原はその授業の前に行われたゼミでのダオの発表を評価する。

会話例17 【2011年7月6日「ゼミでの発表」】

```
001   山原：   ん::::
002           (3.0)
003   山原： ⇒ hえ(.)ダオさんでもまじで今日の:(.)発表良かったよ:::
004   ダオ： ⇒ え（そういうふうに思ってた）んです［か
005   フォン：                                    ［お［つかれさまです
006   山原： ⇒                                       ［ん:::なんでちゃんと
007   山原：   調べてるしさ:前:よりもやっぱちゃんと進んでる:しさ:あ
008   ダオ： ⇒ え-なんかも-最初に戻ってるっていう感じはhしなかったですかhh
009   山原：   ううん::
010   ダオ： ⇒ ¥進んでるっ［でﾟいう感じがしましたが゜¥
011   山原：              ［進んでるよ進んでるえだってさ:::
012           (1.0)なんかやっぱり::なんやったっけ::あの::言語運用じゃなくて
013           言語知識::が見たいから::
```

014	ダオ：	うん
015	山原：	その::ぶん-ぶん-なんやったっけ>文法判断テスト:¿<[だけにする=
016	ダオ：	[うん
017	山原：	とかってちゃんと(1.0)決められてる[しさ:::
018	ダオ：	[hoh あ:::(.)あの
019		なんかいっ↑ちゃっていいのかなって迷ってたんですけど=
020	山原：	うんう::ん
021	ダオ：	それだけ見ていいんですかって言われたらどう:しよっかって
022		答え-が
023	山原：	えでも自分が見たいのはこれっていうのは別に
024		それはそれでい[いんじゃない?] 運用(.)を(.)見たい人もいれば:=
025	ダオ：	[そうい　　] (うもんですか).
026	山原：	そっちの知識を見たい人もいる[だろうし:[>それは:<
027	ダオ：	[ん::　　[あ::だ-やっぱり

　まず、この話題は山原の褒め（003）から開始している。つまり「褒め」が話題開始のリソースとして利用されている。山原の褒めは、ともに出席したゼミでのダオの「今日の発表」を評価する形式で行われている。

　ダオの反応は同意でも不同意でもなく、「そういうふうに思ってたんですか」という質問の形で構成されている（004）。これは、相手に「褒め」の証拠を提出させることを可能にする。「褒め」＝評価は、「すごい」「良かった」だけでは説得力を持たない。事実の裏付けがあってこそ説得力を持つ。山原は、以前の発表との比較（007）を根拠として提出している。さらに、ダオは笑いながら「最初に戻っている感じはしなかったか」「進んでいる感じがしたか」と疑義を呈する形で修復を行い（008, 010）、さらに山原は褒めの証拠である発表内容への評価（012, 013, 015, 017）を提出する。

　山原から発表内容への評価を受けたダオは、内容について気になる点に言及し山原に相談を持ちかける形で話題は移行していった。（018, 019, 021）

この褒めは「ゼミ発表」という話題の中に位置づけられている。前のデータにおいても述べたが、「ゼミ」は彼らの共有経験であり、同等にアクセス権を持つ話題である。

また、山原の褒めはダオの発表内容を対象に行われている。つまり、ダオの研究内容について知識があり、評価できる立場であることが示されている。ダオは山原に自分の発表について、進行具合はどうか、内容の妥当性はどうか問うている。彼らが「前」「最初」「進んでいる」「戻っている」といった時間軸にかかわる表現を用いていることにも注目したい。このことは、入学当初から今までという時間軸を含めての自分の研究の進行状況や内容について、ダオが山原を「自分の研究について評価できる者」と扱っていることを示す。つまり、彼らは同じゼミ生として、研究に一定の知識を持つ者としてふるまっていると言える。

「ドクターに行く人」〈12月16日〉

入学後、8ヶ月が経過。ダオはドクター（博士後期課程）への進学を決めている。山原にはそのつもりはない。ダオは指導教員に「今後のことも考えるように」言われたということを、山原に愚痴めいて報告する。

会話例18 【2011年12月16日「ドクターに行く人」】

```
001   ダオ:    先生に聞かれて::
002            (1.0)
003   山原:    あ:::[あ:::
004   ダオ:        [それもあ-考えといてって言われたんですけど:::
005            (0.2)
006   山原:    .hでも↑今ま-uu そんなそこまで考える余裕ないよね::[:
007   ダオ:                                                    [>でも今<
```

008   (.)ま-今は(・・・)ったらいいですっ(.)みたいな(.)
009 山原: あ:[あ:あ:
010 ダオ: [言われたんですけど:(.)な-これ終わった>まあ<
011   (1.0)この-<この後のk-ことも考えてね>っていう hhhhh
012 山原: ⇒ <u>すごいな::</u>やっぱドクターに行く人はちがうわあ [:
013 ダオ: [°やあ:a:° hhhh
014 山原: ¥わたしそんなんもう [い(h)っさ(h)い(h)ないも nh [hhhh¥=
015 ダオ: [いや   [hhhhhh
016 山原: hhhahhhha
017 ダオ: hh.h や¥私も行くって先生に言ってくださ:い¥
018 山原: 行かへん.
019 ダオ: し [ご-なんていう-すごい (・・・)
020 山原: [.h あたしは:::あたしは行きま [せん.ドクターには=
021 ダオ: [hhhh
022 山原: =もう無理やもん.hhh.hh
023 ダオ: °なんでそんな:° [あの
024 山原: [無理やもん
025 ダオ: ⇒ ¥や**先生の** [(.)あの¥
026 山原: [まじ無理.
027   (0.5)
028 ダオ: ¥あの.何-グループワークやってて:も:(0.8)
029   ぼくよりずっと: [(.)ドクターに:向いてると思います¥
030 山原: [hh よう言うわ h
031 山原: hhh よう言う [わ hhh
032 ダオ: [と思われ [ます.
033 山原: [h ちょいつから↑先生って呼ぶように
034   なったん.それ hhh
035 ダオ: や(0.8)みんなあの(.) [その先生笹岡先生

第5章　褒めと自己卑下の変化に見る関係構築

```
036  山原:                    [も::::
037  山原:    hhh
038  ダオ:    山原先生
039           (1.7)
040  山原:    あ:::あ:::°ん::°
041           (3.5)
```

　この会話は、ダオの「指導教員に今後のことも考えるよう言われた」という愚痴めいた報告から始まっている（001, 004）。山原は、その愚痴に理解を示すあいづちを打ち（003）、さらに「今」「そこまで」考える余裕はない、というダオの現在の状況に照らしてその大変さを理解するという立場を示している（006）。ダオは、さらに「今はいいけど、これ終わったら考えるように言われた」と言い募る（008, 010, 011）。山原は、今回はその「大変さ」に同意を示さず、「将来性」のほうに焦点をあてた褒めを行っている（012, 014）。これは、愚痴の打ち切りとしての働きをしているとも言える。つまり、愚痴を打ち切るという非選好的な応答を褒めによって行うことで、関係性を壊すのを阻止しているともいえる。山原の褒めは、「ドクターに行く人」という呼称を用い（012）、「（わたしとは）ちがう」、「わたしはそんなことは一切（言われて）ない」（014）という自分との比較を笑いながら行う形で構成されている。

　ダオは笑いとともに受け、山原もドクターに行くと先生に申告するよう勧める（015, 017）。山原は拒否し（018, 020）、「無理だ」と自分の能力に言及する（022, 024, 026）。ダオは、山原のことを「先生」（025）と呼び、授業内でのグループワークでの彼女の活躍を根拠に、自分よりも「ドクター」に向いていると笑いを含んだ声で述べる（028, 029）。山原は「よう言うわ」と笑いながら否定する（030, 031）。

　山原は、「いつから『先生』と呼ぶようになったのか」と冗談を非難する（033, 034）ことにシフトし、ダオは他の院生の名前にも「先生」を付けリスト化して持ち出す（035, 038）ことで、一連の「褒め」は収束する。

第4節 「褒め」と「自己卑下」の分析と考察

　この褒めは、ゼミの先生からの指摘についてのダオの報告の話題から始まっているが、この話題（ドクターへの進学）も前2例と同じく、2人が同等のアクセス権を持つ話題である。

　また、彼らはどちらも博士後期課程（ドクター）へと繋がる博士前期課程の学生であり、「ドクター」にふさわしいかどうかという評価を受けるべき立場にある存在であることが、自分との比較において相手を褒める発話（012, 014, 029）からうかがえる。

　さらに、彼らが笑いを交えた冗談（からかい）としてこの褒めを行っていることに注目したい。山原が褒めを行った位置（012）は、ダオが不平不満を言い募った次の位置である。Drew（1987）は、からかいが起きる位置は、からかいの受け手となる人が先行発話で不満や、大仰な自己卑下、激賞などを行った次の位置であるとしている（p. 242）。からかいには、先行発話の行き過ぎた性質を暴露する働きがある（p. 244）。山原は笑いとともに音声を引き延ばして強調する形で「ドクターに行く人」という多少大げさな呼称を用いて褒めている。このようなことから山原はこの「褒め」を冗談として行っていることがわかる。ダオも笑いながらこれを否定していることから、冗談と認識していることがわかるが、ダオはさらに025行目で笑いながら山原を「先生」と呼んでいる。これは、冗談としての褒めの返報であると言える。山原は、日本語教師をしているが、ダオにとっての「先生」ではない。「ドクターに行く人」「先生」という呼称は、「ドクターに行くほど優秀な人－ドクターには行かない優秀ではない人」「先生－生徒」といったカテゴリー化の装置になりうる。彼らがともに大学院生であるという「共－成員性」を遊びとして組み替える作業とも言える。また、この呼称は、彼ら仲間内の間でしか通用しない「仲間内のアイデンティティ・マーカー（Brown & Levinson, 1987）」であることにも注目したい。

考　察

　「褒め」の生起環境から見た場合、単に相手へのフェイスの配慮を示すだけ

第 5 章　褒めと自己卑下の変化に見る関係構築

でなく、相手との会話（雑談）を開始し、維持する 1 つのリソースとして「褒め」や「自己卑下」が利用されていることがわかった。また、話題内容としては共有経験であり対等のアクセス権を持つ「授業」「ゼミ」が選択されていた。さらに、「褒め」は多くの場合、自分との比較において行われていた。このことは、「自分にもあてはまる可能性があること」（例：授業で活躍すること、よい発表をすること、博士課程に進学すること）として褒めを構成していることを示しており、彼らが院生仲間という「共－成員性」へと指向しつつ会話を展開していることがわかった。褒めの終結に共通の知人である他の先輩や、院生への評価を導入することからも、彼らが同じ仲間であることを利用して会話していることがうかがえる。

　会話が行われた時期の上での変化についてであるが、4 月の会話においては、「褒め」が「授業の中で意見を言った」「活躍していた」というあいまいな対象に対する評価であったが、7 月の会話においては、より詳しい相手の発表の内容、以前の出来との比較という通時的な尺度を含めた根拠をもって行われ、より説得力を持っていた。さらに、ダオが山原に自分の専門的な研究内容について質問していることから、彼らがお互いを「研究について知識を持つ者」として認識していることがうかがえた。12 月の会話においては、相手を「ドクターに行く人」「先生」という呼称を用いて呼び、揶揄する形で「褒め」が行われていることがわかった。この呼称は通時的な尺度を含んだ仲間内でのみ使用可能なアイデンティティ・マーカーであると言え、彼らの関係性の深化がうかがえた。

　成員カテゴリーの変化としては、4 月、7 月、12 月のデータを通して、互いに同じ「院生仲間」であることを指向しつつ会話をしていることがわかったが、その中でも相手への理解、知識の深度に基づくカテゴリーの変化が見られた。4 月においてはただ「同じ授業を取っている同級生」であったのが、7 月には「互いの研究について理解し意見できる仲間」であり、12 月には、「仲間内で時間をかけて醸成された互いのカテゴリーを理解している者同士」というカテゴリーが会話中で示されていたことがうかがえる。さらに、「ドクターに行く

人」「先生」といった大げさな呼称を用いることによって、大学院生同士という「共－成員性」から、遊びとしてそれを「先生－学生」のように組み替えることを行っていたが、このことは、逆に彼らがそのような差異のない「仲間」であることを示す行為であるとも言える。

同じ「院生仲間」というカテゴリーも、「ある研究領域について知識をもつ院生」「そうではない院生」などのように下位分類していくことが可能になる。ここで見られたのは、そのように通時的に異なるカテゴリーを用いることによって、相手への知識や理解の深化を互いに示しあう様相であった。表12に褒めの話題、対象、成員カテゴリー化の時期的な変化についてまとめた。

表12　褒めの話題・対象・成員カテゴリー化の時期的な変化

時　期	4月	7月	12月
話　題	授業	ゼミ	指導教員との相談
褒めの対象	授業での活躍	ゼミ発表の内容	ドクターに行く能力
成員カテゴリー化	同じ授業の受講生	研究の理解者	互いの能力やカテゴリーの理解者／仲間

今回の分析で、「褒め」が時々刻々と変化していく会話参与者が共有可能なカテゴリーと、共に過ごしてきた共有経験を利用して行われることがわかった。個別的な文脈の中に置かれた会話参与者の通時的な会話を分析することで、1回限りのデータや隣接ペアなどの短いシークエンス単位では接近できない彼らの関係構築のプロセスに言及することができたと考える。

2.「自己卑下」をめぐる成員カテゴリー化

前項では、「褒め」が「共－成員性」を利用して行われることを示した。本項では、「自己卑下」がどのようなカテゴリー交渉をもとに行われるかを示し

第 5 章　褒めと自己卑下の変化に見る関係構築

表 13　分析の対象となるデータ

	タイトル	日　時	場　所	会話参与者
会話例 19	「論文指導」	4 月 27 日	バス	山原、フォン
会話例 20	「親の脛かじり」	7 月 8 日	院生室	山平、ダオ、笹岡
会話例 21	「おしゃべりが苦手」	9 月 30 日	バス	山平、ダオ
会話例 22	「かしまし娘」	9 月 15 日	レストラン	山原、山平、ダオ、笹岡
会話例 23	「いっしょにしないでください」	9 月 15 日	レストラン	山原、山平、ダオ、笹岡

たい。「自己卑下」について扱うデータを表 13 に示す。

互いの自己卑下による「共‐成員性」への指向

　今田（2010）では、初対面の留学生と日本人学生の実験室的な会話において、頻繁に褒めと自己卑下が行われることを示した。特に、話し手が自己卑下的な経験談を行った際に、聞き手も自らの自己卑下にあたる類似経験（セカンド・ストーリー）を示すことによって、「共‐成員性」を示しあうということを示した。これは、初対面で共通の基盤を持たない 2 人が、お互いの経験上の共通点を模索し、それまで知らなかったお互いの情報開示を行うことで、共有基盤を作り上げようとする作業であると言える。本書においてもデータ収集の初期、このような会話は頻繁に見られた。第 4 章で示した自己紹介における自己卑下のエピソード開示もそれにあたるが、以下、日常会話で見られた自己卑下を互いに行う例を示す。
　まず、最初の例は山原とフォンの会話である。山原とフォンが論文指導について話している。

会話例 19　【2011 年 4 月 27 日「論文指導」】

　　001　山原：　　.hh え論文指導とかは:もう個人的に:[酒井先生と話して:やっていくの

002　フォン:　　　　　　　　　　　　　　　　　[あ::::実は‐話す‐はず‐hh¥
003　　　　　　　¥ですけど¥h まだ先生に [たぶん(.)ゴールデンウィークの後は報告
004　山原:　　　　　　　　　　　　　　　[うん
005　フォン:　=に行 [く:
006　山原:　　　　[う::ん
007　　　　　　　(1.0)
008　フォン:　あまり先生と話し h‐¥やさしい:のに:　[なんか:ちょっ‐¥
009　山原:　　　　　　　　　　　　　　　　　　　　[う:んう:ん
010　　　　　　　(0.4)
011　山原:⇒　¥やっぱり緊張する?¥
012　フォン:　そうそうそう
013　山原:⇒　あ::でもわかる(.)わたしも:
014　フォン:　>うんうんうん<
015　山原:　　わたしも:
016　フォン:　う::ん
017　山原:　　>田中先生と話す [ときやっぱり緊張するも::ん<
018　フォン:　　　　　　　　[あ::ん　そうそう
019　　　　　　　(1.0)
020　山原:　　ね
021　　　　　　　(6.0)

　この会話例においては、フォンが自身の指導教員である酒井先生に論文指導を受けなければならないが、まだ先生の元を訪問していないこと、先生は優しいのになかなか行けないことなどを述べている。これは、自分の「まだやるべきことができていない」というマイナスの側面を開示することである。それに対して、聞き手である山原は、011 行目で言いよどんだフォンの発話を先取り完了（串田, 2006)[29]）している（「やっぱり緊張する?」）。これは、すべてを聞かなくても、相手の気持ちがわかることのディスプレイである。

131

そして、それに対するフォンからの承認の合図(「そうそうそう」012)を受けたあと、自分自身も指導教員に相談するとき、緊張するということを述べる。つまり、相手と自分が同じく「指導教員に会うのに緊張してしまう学生」であるという「共-成員」にあることを指向し、それを会話の中で示そうとする行為をしていると言える。

次の例は、山平とダオの会話である。山平が親に携帯電話料金を払ってもらっているため、なかなか機種変更したいと言い出せないと述べるくだりである。

会話例20 【2011年7月8日「親の脛かじり」】

ダオがA社のスマートフォンを使って遊んでいるのを山平がうらやましがる。山平はA社ではなく、B社の携帯電話を使用しているので、B社のスマートフォンを買えばいいではないかとダオが述べる。そのダオの発言に対する山平の返答から以下の会話断片は始まる。

```
001  ダオ:      B社の::
002  山平:      うん
003  ダオ:      >なんか<スマホ-スマホとかで
004  山平:      そう.しよかな::［と思うけど::
005              (7.0)
006  山平:  ⇒  でもあたしいかんせんまだ携帯代親のスネかじってるっていう(.)
007          ⇒  悪い子やから::.h あんま［り携帯変えたい-
```

---

29)「先取り完了(pre-emptive completion)」(串田, 2006 p. 160)とは、「ターンを開始した者がそのターンを完了可能点に持っていく前に、聞き手であった者が、そこまでの発話の『可能な統語手続き』としてデザインされた発話を開始し、それを完了可能点まで持っていくという手続き」を指す。

第4節 「褒め」と「自己卑下」の分析と考察

008	笹岡:	［え:::↑(.)¥普通じゃな:hh::い?¥hh
009	山平:	ほんまに:?¥大丈夫,大丈夫:::?¥
010	笹岡:	hhh,hhh
011	山平:	あの,あんまり携帯変えたいとか言うと::,
012		そろそろ自分で払えば:::¿とか言われるから:,
013		あんまり携帯に［関して触れないようにして生きてきてん=
014	笹岡:	［fhhn
015	山平:	=ねんやん hhhh
016	笹岡:	nfhhhhh.
017	山平:	¥その話題を>なるべく<出さないようにして
018		そ:::っと払ってもらってるから.¥hhhh
019		hh［hhhhhh.
020	ダオ: ⇒	［や-¥僕も一緒.日本に来るまでずっと親のスネかじってた.¥
021	笹岡:	うん
022	山平:	hhhhhhh
023	ダオ:	hhhhh

　この会話断片はA社のスマートフォンを使っているダオを山平がうらやましがっており、それに対してダオが、山平もスマートフォンを買えばいいと述べる（003）。それに対して、山平は「そうしようかな」と思うと述べた後、7秒間の沈黙を置いて、自分が携帯電話をスマートフォンに変えるという機種変更をすぐに決断できない理由として、自分が親の脛をかじっている「悪い子」であるからという一種の自己卑下的な自己開示を行う（006, 007）。山平がこのことを後ろめたく感じているであろうことは、笹岡の「普通じゃない？」（008）という返答に対して、繰り返し「大丈夫？」と確認していることから見て取れる（009）。この彼女の自己開示のあと、ダオも間を置くことなく、「僕も一緒。日本に来るまでずっと親の脛をかじってた」と述べる（020）。ダオは、現在は留学中で、奨学金で大学院に通っている身分であり、現在は親の脛をかじって

133

いるわけではないが、自分にも山平と同じ自己卑下すべき側面が過去にあった「親の脛をかじっている学生」であるという「共‐成員性」を示すことを指向した発話であると言えるだろう。

　上記2つの会話断片に限らず、データ録音開始から3ヶ月を経過するころまでこういった会話は何度か見られた。しかし、7月の後半ごろから、少々異なる現象が見られるようになる。相手の自己卑下的な自己開示に対し、自分も同じであるということを示すのではなく、相手の自己卑下を認めるような発話が現れ始める。

自己卑下の肯定

　以下の例では、山平とダオがバスの中でガイドの素質について話しており、ダオが自分はその素質がないという自己卑下めいた話をはじめている。

会話例21　【2011年9月30日「おしゃべりが苦手」】

```
001   ダオ：   でもまあやっぱりまあおしゃべりっていうのが1番-は-結構大切な:
002            こと::で [:
003   山平：           [素質なんだ
004   ダオ： ⇒ 素質::なんだな:::(1.0)だから自分全然（0.6）向いてない:
005   山平： ⇒ 確かに.
006            (0.2)
007   ダオ：   と:(.)学 [校- 学せ-学生時代わかった.
008   山平：          [ta-
009   山平：   >というか<ダオくん,あ:日本のガイドさんはできそう
010            (.)
011   ダオ：   は?
012   山平：   日本人相手はできそうだよ:
```

```
013  ダオ:    なんで::?
014           (1.4)
015  山平:    日本人比較的ほっとかれるの好きじゃん.
016           (0.2)
017  ダオ:    あ:::::::
018  山平:    で:ちょっと困ってる時にフォローするとかその:
019           そういった(.)k気配りのほうが日本は大事だ(.)からその:
020  ダオ:    へ::: [:
021  山平:         [ず:::っとエンターテインしてるよりも: [?
022  ダオ:                                           [fun:n:n:
023           (1.4)
024  ダオ:    お::: [:
025  山平: ⇒      [だ::か:ら:そのへんの日本の気配りが:たとえば(.)さ(.)
026           Xさん((先輩にあたるタイ人女子留学生))だったり
027           ダオくんだったりはうまいと思う.
028  ダオ:    お:::::(1.0)ん:ぼく:(たぶん)Xさんは全然ちがう:
029  山平:    え::そお::?
030           (0.6)
031  ダオ:    (相当:ほんま)タイ人の(.)-の:に対してのもてなしとかも
032           すごいうまい.
033  山平:    う::ん
034  ダオ: ⇒ ぼくはどっちかっていうと: (0.5) m-マイさんとかに
035           言われないと::自分-自らは何も- [できないし:
036  山平:                                [あ:::::
037  ダオ:    感じ::ど
038  山平: ⇒ 尻に敷かれてるもんねみんなに
039           (4.0)
```

第 5 章　褒めと自己卑下の変化に見る関係構築

　この会話断片は、ガイドに一番大切な素質は「おしゃべり」で、自分はその素質がないため、ガイドには全然向いていない（001, 002, 004）、というダオの自己卑下から始まっている。自己卑下の選好応答は「否定」であるが、山平は「確かに」（005）と肯定する発話をしている。しかし、山平はその後で、ダオは日本的な気配りはうまいので、日本のガイドならできそうだという褒めを行う。それをダオは否定し、Xさん（タイ人の女子留学生の先輩）と自分とは違うし（028）、マイさん（タイ人の女子留学生の同級生、年上）に促されなければ自分からは何もできない（034, 035）、とまた自己卑下を行う。この自己卑下に対して、山平は「あ::::」（036）と理解を示し、ダオが年上のタイ人女性たちから指図されている様子を「尻に敷かれてる」という形で表現している（038）。
　ここで注目するべきことは、山平は、ダオの自己卑下を肯定しているものの、それはダオの長所・短所を含めて把握していることを示しながら行われているということである。「おしゃべりではないからガイドの素質がない」という自己卑下に対しては「（おしゃべりではないが）気遣いができるので、日本のガイドに向いている」という代替案を示している。自分からは何もできない（気配りできない）という自己卑下に対しては、年上のタイ人女性たちに「尻に敷かれている」という様相を知っていることを示しながら肯定している。
　これらは、ただ単に根拠もなく自己卑下を否定するよりも、積み重ねられた日常の共通経験から、相手のことを深く理解していることのディスプレイとなっている。

「共‐成員性」を基盤とした、遊びとしてのカテゴリーの対立

　ここで示す例は、ある 1 人の話し手が、その場にいる他のメンバーと自分を「わたしたち」としてカテゴリー化して自己卑下を示した場合に、他のメンバーがそこからの離脱・対立をはかろうとする例である。これらのことは、笑いとともに一貫して冗談として行われる。このことによって、彼らはどのような関係性を示そうとしているのだろうか。次の例は 9 月に山原・山平・笹岡・ダオ

第4節 「褒め」と「自己卑下」の分析と考察

がレストランで食事している際の会話である。日本人の「うるさい」女子学生3人に囲まれて比較的静かなダオを、山平が気遣う発話をする。

会話例22 【2011年9月15日「かしまし娘」】

```
001  山平:   ¥ダオくん大丈夫？＜3人＞の::なんか(0.2)
002       ⇒ 関西の(.)うるさいか［しまし娘に¥ (0.2)
003  笹岡:                   ［hahaha
004  ダオ:   ¥ちょっとあの-¥
005  山平:   はさまれてる［けど
006  ダオ: ⇒         ［ど-どんびきしてる
007  山平:   はっhhhh
008  山原:   hhhhh
009  笹岡:   hhhhh
010  笹岡:   ¥ちょっとどんびきって(.)ちょっとついただけで(0.3)どんびき¥
011  山平:   ¥どんびきやからな結局は¥
012       (0.3)
013  山原: ⇒ 娘っていうか、1人¥おっさんやからな¥
014  山平:   え↑え
015  笹岡:   hhh
016  山平:   ちょっとお(0.8)どういうことお？
017       (1.0)
018  ダオ:   確か［にやっ-
019  山平:      ［ええ
020  ダオ:   店に入って:°なんか°ビールを頼む-という(.)女性？
021       女性だったら(たぶん)見たことないわ,タイでは.
022  山平:   まじで？
023  山原:   ええそうなん［や
```

第5章 褒めと自己卑下の変化に見る関係構築

```
024  ダオ:           [う:ん.うん.(0.2)と:-あの-まビールの
025          ん-まビールとかお酒とかのんで:(0.2)
026          おいしいとかうまいとかそういうの聞いたことない [タイでは
027  山原:                                          [え::
```

　山平は、自分を含む日本人女子学生たちを「わたしたち」として「関西のうるさいかしまし娘」と自己卑下的に形容し、「ダオ君大丈夫？」と心配して見せる。これは笑いを交えた声で行われており、冗談として有標化されている。この形容が冗談として機能している証拠として、笹岡がすぐに笑いで反応している（003）。

　山平の自己卑下的な名づけ（「関西のうるさいかしまし娘」）に対して、ダオは否定せず、むしろ積極的に肯定している（006「どんびきしてる」）。山平の発話を自己卑下として取っていれば、通常、その発話は否定される。これは、山平の発話を冗談として受け取った証拠と言える。この発話を受けて、会話参与者間にさらに笑いが起きている（007-009）。

　ダオの「どんびき」という発話には、「ちょっと」という緩衝表現が前置きとしてついていたが、結局「どんびき」なのだから、それが緩衝として機能していないことを、笹岡はダオの発話を繰り返し引用して誇張している（010）。山平もそれに追随している（011）。

　「関西のうるさいかしまし娘」として共通のカテゴリーに入れられた山原は、山平の発話を取り上げて、娘ではなくおっさんが1人いる、と述べる(013)。山平は、4月入学時に、自身の性格を「おっさん」であると自己紹介時に述べていた（会話例1参照）。その後、その言動と酒豪ぶりから彼女は周囲の院生から「おっさん」であるとキャラクター付けられている。山原のこの評価は、メンバーの共有知識を利用したものである。また、「かしまし娘」には山原、山平、笹岡の3人が含まれているが、そこから、山平1人をカテゴリーの外に出す行為でもあると言える。「おっさん」という語彙、笑いを伴った発話からもこれが冗談として機能していることがわかる。

第 4 節　「褒め」と「自己卑下」の分析と考察

　山原の「おっさん」という発話に対し、山平は、強制を置いてアクセントの高低変化を際立たせる形で「ええ?」と聞き返している (014)。016 行目でもう一度「ちょっと、どういうこと?」と聞き返している。自らが「おっさん」と呼ばれていることは、自他ともに認めていることであり、山平が山原の発話を理解できなかったわけではない。これらの聞き返しは、山原の発話を受け入れることができない、という抵抗を示しているのである。

　そして、ここでもう一点注目したいことは、「評価」はその場にいるメンバーからの「第 2 の評価」も緩やかに誘い出すことである (Pomerantz, 1984)。山原の「おっさん」という発話(評価)に、ダオは「確かに」と賛同を示している (018)。そして山平が「おっさん」であることの根拠として、山平がアルコールを飲んで「うまい」と言ったなどの自分の目撃情報、知識を示していく。

　この例から見ると、発話の表面上を捉える限り、会話参与者たちがカテゴリーを共有するほうにではなく、むしろカテゴリーを分離させるほうに働きかけていることがわかる。山平は、自分を含む 3 人の日本人女子学生を「関西のうるさいかしまし娘」と形容し、それに囲まれた無口な男性として、ダオのカテゴリーを分離させていた。また、ダオも「どんびきしている」とそのカテゴリーの分離を積極的に受け入れていた。

　「関西のかしまし娘」3 人の中にも、カテゴリーの分離は見られた。山原は、山平を「おっさん」と形容してけなすことによって、3 人娘の中から、山平に別のカテゴリー化を行おうとしていた。

　次に示す例は、さらにこの食事中の 18 分後の会話である。1 回目の注文で頼んだものをほぼ食べ終わり、デザートを頼むかどうか相談を始めたとき、山原が五目そばの追加を希望し、ダオにも何か追加注文したいものはないかと問う。

会話例 23　【2011 年 9 月 15 日「いっしょにしないでください」】

001　山原:　　え,ダオさんは何か.

第5章 褒めと自己卑下の変化に見る関係構築

002	ダオ:	え何でもいいです何でも.
003		(.)
004	山原:	え:えだって五目そば多分あっという間になくなんで.
005		[(.)なんか(ふって)ない?
006	笹岡:	[u-hahahahhaha!
007	山平:	そうなん!?
008		(.)
009	山原:	nhahahahahae!
010	山平:	そうなんや.
011	山原:	[あたしの予想では.
012	笹岡:	[来るまでの間に消化されて?hehehehe
013	山原:	だ::::ってもう既に餃子1個しかない [のにさ::
014	笹岡:	[haha!
015	山原:⇒	**このメンツやで::!**ufufufu
016	笹岡:⇒	**勝手に一緒にしないでください**=
017	山原:	=いやいっしょやろ:
018	笹岡:	hahaha
019	山原:	このがっつき[方
020	笹岡:	[¥これはねも:¥
021		(1.6)
022	山平:	今んとこゆうともう山原さんが1番よう食うよ [な::
023	山原:	[¥↑そんな
024		ことないよ:¥
025	笹岡:	もうキャラ決定ですね:
026	山平:	うん.
027	山原:⇒	ていうかもうさ::**みんな成長期**(.)s-過ぎてのにさ:(.)
028		**結:構な食べようよ.これ::**
029	笹岡:	hahahaha!

第4節　「褒め」と「自己卑下」の分析と考察

　追加注文は何でもいいと述べたダオに対して、山原は自分が追加注文する五目そばはあっという間になくなる、と述べる（004）。既に1回目に注文したものはほぼ食べ終わっている（満腹であってもおかしくない）状況でのこの発言に笹岡と山平が笑いとともに疑義を呈する（006, 007）。山原はその言い訳として、015行目で「このメンツやで:::！」と笑いながら述べる。これは、メンバー全員が大食いなのですぐなくなることを知っているというディスプレイである。それに対して笹岡が間をおかず、「勝手に一緒にしないでください」と述べる（016）。つまり、自分は違うという対立を示している。だが、山原はそれを否定し、「一緒やろ」と同じカテゴリーを共有していることを主張する（017）。山平は笹岡と同じく、山原が1番よく食べるとカテゴリーの分離をはかろうとする（022）。山原はさらに抵抗を示し、「みんな成長期すぎてるのに」食べ方に勢いがあるカテゴリーの共有を主張する（027, 028）。

　以上の2例からうかがえるのは、自己卑下的な（うるさい、大食い）カテゴリーの共有を主張するメンバーに対して、積極的にカテゴリーの分離を図ろうとするメンバーの姿である。この対立は、笑いを交えながら一貫して冗談として行われている。

考　察

　出会いの初期における会話では、自己卑下する話者に対しては、聞き手も追随して自己卑下することによって、カテゴリーを共有しようとする例が多く見られた。これは、出会いの初期において、その関係性が定まっていないことから、カテゴリーを重ねあわせ、「共‐成員性」を指向しようという話者間の努力と捉えられる。また、相手に対する知識がないため、自己開示によって共通性を発見し、示そうとする試みであることもわかる。

　いっぽう、出会いから半年ほど経過すると、メンバーの自己卑下に対する彼らの様相が変化してきた。自己卑下するメンバーに対して、時にそれを肯定する発話を行う。しかし、これは相手に対する知識を持っていること、長所だけ

第5章　褒めと自己卑下の変化に見る関係構築

でなく短所も理解していることを示しながら行われる。そのため、相手のフェイスを脅かすことにはなっていないと考えうる。

また、彼らが冗談のフレームの中で積極的に自己卑下的なカテゴリーを共有しようとしたり、それに対して対立し、カテゴリーを分離したりする様相が見られるようになった。これは、彼らがすでに同じグループのメンバー（共-成員）であるという前提があるからこそ、遊びとしてカテゴリーを分離させようとする冗談が可能になっているとみることができる。これらは、出会いの初期に「褒め」-「謙遜」や、自己卑下の重ねあいによって、カテゴリーを共有しようとしていたふるまいとは対照的とも言える。

第5節　まとめ

本章では、留学生と日本人学生の日常会話における「褒め」と「自己卑下」に焦点を当て、それを通して行われる「成員カテゴリー化」の様相を分析することを通じて、彼らの関係構築の様相を明らかにしてきた。

まず、褒めをめぐる成員カテゴリー化では、同じゼミに属する山原とダオの会話3回分（4月、7月、9月）をデータとした。いずれの会話においても、「授業」「ゼミ」「指導教員への相談」など、彼らが「大学院生仲間」であるという「共-成員性」を指向した話題選択が行われていたことがわかった。また、褒めの対象も、「授業での活躍」「ゼミ発表の素晴らしさ」「ドクターに進学できるほどの優秀さ」という大学院生としてのフェイスを高める側面に焦点があたっていた。さらに、それぞれの時期の違いを見ると、4月には「授業で活躍する」といったあいまいな対象に対する評価であったものが、7月には「研究の内容」という知識がなければ評価できない対象に対する評価が行われており、9月には「ドクターに行く人」「先生」などの呼称を用いて、共有経験がなければわからないような相手のカテゴリーや能力に対する評価が行われてい

た。つまり、同じ「大学院生」というカテゴリーでも、そのカテゴリーは、知識や理解によって「できる大学院生」「できない大学院生」あるいは、「〇〇という分野に詳しい人」のように下位分類化することができる。ここで見られたのは、通時的に異なるカテゴリーを用いることによって、相手への理解の深化を示し、関係性を変容させている様相であった。

自己卑下をめぐるカテゴリー化では、時間の経過に従って、相手の自己卑下への反応に、変化が大きく現れるようになった。ここでは、会話参与者は重複しながらもそれぞれ異なっている5つのデータを用いた（4月、7月、9月は3回）。

4月、7月のデータでは、相手の自己卑下（先生と話す時に緊張する、まだ親の脛かじりをしている、という弱みの自己開示）に対して、聞き手は自分にも同じような側面があることを開示することによって、「同じ弱みを抱える者同士」という「共-成員性」を指向していた。

しかし、9月の始めの2人会話のデータ（会話例21）では、相手の自己卑下に対して、一部肯定する様相が見られた。ただし、その後で、相手の良い面を伝えることによって相手のフェイスへの配慮を行っていた。つまり、自己卑下に対してただ単に否定や肯定を行うのではなく、相手の良い面も悪い面も理解しているというディスプレイを行っていたと考えることができよう。

9月の多人数（4人）会話のデータ（会話例22、23）では、自己卑下の仕方も、それに対する反応もそれまでとは異なっていた。自己卑下では、自分だけでなく、その場にいるメンバーも巻き込んで自己卑下を行おうとしていた（例：「うるさいかしまし娘たち」、「大食漢なわたしたち」）。また、受け手はそのような自己卑下的な「共-成員」からの離脱を図ろうとしていた（例：「わたしたちは娘だが、あなたはおっさんだ」「あなたは大食漢だが、わたしたちは違う」）。受け手が「共-成員」からの離脱を図る際には、必ず相手への理解に基づく証拠が提出されていた。（例：女性に対して「おっさん」という語彙を選択する等。「おっさん」というのは言及された女性の仲間内でのニックネームであり、彼女の日頃の言動が反映した語彙である。）さらに、これらが笑いを伴った冗

談として行われていたことにも注目する必要がある。いわば、この「カテゴリー」の対立は「遊び」として行われていたことを意味する。つまり、すでに彼らが「仲間」であるという「共‐成員性」があるからこそ、カテゴリーの分離が可能になっていたと思われる。

また、4月、7月、9月の第1回目のデータは、すべて「指導教員への相談」「学生で親の脛をかじっている」「将来の就職への悩み」など、彼らが「大学院生同士」であるという「共‐成員性」を指向した話題であったが、9月の第2回、第3回の多人数会話では、「若い女性なのにおっさんのような性格をしている」「大食漢である」など、「大学院生」といった社会的な属性とは無関係の、メンバーの個性に焦点化した話題であったことも特徴の1つとして挙げられる。

以上のように、「褒め」と「自己卑下」を分析した結果、彼らは既存の「大学院生同士」という「共‐成員性」を利用してふるまうことが多いことがわかった。ただ、時間の経過に従って、そのカテゴリーの下位分類化が進み、相手への理解の深化、関係性の変容が示される。そして、相手の個性への理解・知識が安定したものとなったとき、その「共‐成員性」をもとに、遊びとしての対立が可能になるのだと言えよう。この「遊びとしての対立」、「冗談」については、第6章で詳細に分析を行う。

第 6 章

「遊びとしての対立」に見る
関係構築

第1節 「遊びとしての対立」が関係構築に果たす役割

　第5章において、フェイス・ワークにおける褒めと自己卑下について述べてきた。本章においては、「遊びとしての対立」が関係構築においてなしうることについて考えていきたい。

　「遊びとしての対立」（大津, 2004）とは、「本来は『対立する関係』で行われるはずの発話や行為が遊びで行われる、つまり否定されることによって逆に『親しい関係』が導かれる。このようなごっことしてフレーム付けされた対立」のことである（p.46）。

　相手を褒めることの逆、つまり相手に悪口を言うことは、一見、相手のフェイスへの侵害にあたる。ところが、わたしたちはふだんの生活の中で、人々が親しげに相手の悪口を言いあって笑いあっているような場面をよく見かけることがある。こういった現象についてゴッフマン（2002）も触れている。この種の行為が冗談交じりに行われる場合、見た目にはどれほど攻撃的であっても、受容者はなんら侮辱を受けなかったという雰囲気になる。大津（2004）は、Brown & Levinson（1987）のポジティブ・ポライトネス・ストラテジーの「冗談」の項を引きながら、「冗談が言えるのは背景知識や価値観の共有を前提としているからである。冗談として言うのなら荒っぽいことばも親密な関係を築き上げる働きをする」「友人同士が冗談で相手の悪口を言ったりわざと反論したりして一時的な対立関係を作るというのも、ポジティブ・ポライトネスの1つであり、親密な関係作りに貢献するということである」としている（p.45）。つまり、相手への悪口は、冗談、遊びとして行われる場合、相手との関係を損なうどころかむしろ相手との関係構築に寄与するということである。

　7月26日のインタビューにおいて、山原は、「(院生室のメンバーと) 冗談

を言える関係になった。フォンさんなんか『山原さんは明治何年生まれですか?』とか聞いてくるの。あの人ほんと腹黒いよね。いつのまにか腹黒さがでてきた。」「みんなキャラがあるねん。山平さんは『おっさん』キャラで、わたしは『おばはん』キャラみたい。」「自分が『おばはん』キャラって露呈したほうが楽ね。」と述べていた。

いっぽう、フォンは「(院生室のみんなと)関係が良くなってきました。最近は山原さんにひどい言葉も言ったりします。」「山原さんの年齢とか。」「タイ人の考えでは、仲良くするために冗談を言います。」「(なにか冗談を言い始めるきっかけがあったの?という筆者の質問に対して)山原さんも私に冗談を言うから。腹黒い?とか。」と述べていた。

2人のインタビューからは、彼女たちが「冗談が言える関係」を良い関係だと捉えていることがうかがえる。では、その状態はどうやって築けたのかという筆者からの質問に対しては、彼女たちは一様に「自然と」「いつの間にか」と答えている。

本章では、彼女たちが「いつの間にか」築けたというその「冗談関係」[30]の構築プロセスを仔細に分析していく。

第2節　先行研究の検討
—「悪口」はどのようにして「冗談」になるのか—

どのような条件下において悪口は「冗談」になるのか。大津（2004）は、相手への悪口が「冗談」になる現象について、Bateson（1972）の「メタ・メッセー

---

30) Radcliffe-Brown（1952）は"Joking-relationship"という関係に言及している。これは、仮に一方が他方をからかったとしても許容され、もう一方はそれを攻撃だと解釈しない関係とされ、親族などの親しい関係に見られるとしている。

ジ」と「フレーム」の概念を用いて説明をしている。

> 「メタ・メッセージ」とは、発話者の相手に対する気持ちの持ち方や目下行われている相互作用に対する態度についてのメッセージである。(中略)冗談の類いにはさまざまなものがあると考えられるが、それらに共通して言えることは「これは遊びだ。」というメタ・メッセージを参加者の一方が発し、それを聞いた相手もそのように認めたうえで面白さを感じているということであろう。いかなる発話も『遊び』として発話され、そのように聞き手に認められたならば、冗談になる。荒っぽいことばも「これは遊びだ」というメタ・メッセージを持つときには冗談となる。批判や反論という本来は対立する関係で行われるはずの発話が遊びで行われ、相手もそれを面白いと感じたとき、逆に親しい関係が導かれることになるのである。
> (大津, 2004 p.24)

「フレーム」とは、Bateson（1972）の概念が出発点となっており、「会話者が現在携わっている行為がなんなのかについての認識の枠組みとして機能する、相互行為における解釈のフレーム（林, 2008）」とされている。

つまり、参加者の一方が「これは遊びだ」というメタ・メッセージを発し、聞き手の側もそれを認めたならば、会話参与者間の行為は「遊び」「冗談」としてのフレームに移行したことになる。大津は、日本語母語話者の親しい友人同士の会話をデータとして、反論・批難・悪口等の発話が「遊び」であることを示す合図にどのようなものがあるのかについて明らかにしている。それによれば、対立の開始方法には2つのパターンがあり、1つは、遊びとしての対立を開始したいと思った会話参与者が自ら対立を表明することによって始める方法、もう1つは遊びとしての対立を開始したいと思った会話参与者が自ら対立を表明するのではなく、わざと誤ったことや理不尽なことを言い、相手が対立表明するように仕向ける方法である。さらに、「冗談」であることを示すために、発話の繰り返しや韻律の操作、感動詞の使用、「スタイル・スイッチング」

によって一時的に自分と相手に配役をし演じていることを指摘している。さらに、会話参与者が頻繁に笑う現象にも着目している。

　大津（2004）をはじめとする先行研究によって、親しい友人同士や家族などの親しい間柄で、どのように悪口や批判が「冗談」として機能するのかということについては研究がなされてきたが、人々がどのようなプロセスを経て冗談が言いあえるほどの親しい関係「冗談関係」になるのかについての研究は、管見の限り見当たらない。

　本章での課題のひとつは、出会いの初期からの会話の中で「冗談」が生起している（あるいは未遂に終わった）箇所を抽出し丹念に分析していくことによって、ある特定のグループにおいて、いかに「冗談関係」が構築されていくのか、そのプロセスを明らかにすることである。次に、本書の対象としているグループが接触場面グループであることから、母語話者場面と比較して、言語面・文化面において日本語場面に慣れていない留学生がいかにして「メタ・メッセージ」を解釈し、また発するかという問題がある。本章でのもう１つの課題は、留学生がいかにしてこの「からかい」を「冗談」として遂行する方法を習得しているかを明らかにすることである。なお、本書では、反論・批難・悪口などを含む対立を導く挑発行為を便宜上「からかい」と呼ぶこととする。

　そして、最後の課題として、どのようにして「遊びとしての対立」の「からかい」が行われるかだけではなく、「何が」からかいの対象となっているかを明らかにすることで、彼らがどのようにメンバーをカテゴリー化し、関係を築くことを指向しているのかを示す。

第3節　分析方法

　本章では、まず、冗談関係の構築プロセスを示したのち（第4節1）、からかいの対象となるカテゴリーについて分析する（第4節2）。

第3節　分析方法

　第4節1では、特に、山原、山平、フォン、ダオの関係性に注目したい。収集したデータの中に、留学生フォンが、日本人学生山原をからかう場面が、出会いから時間を経るにしたがって繰り返し見られるようになった。解釈によっては攻撃ととられかねない「からかい」を、フォンがいかにその危険性を避けつつ使用していくのか。本章では、フォンのからかいの方法の変化について検討する。具体的には、収録された音声データの中からフォンの冗談とみられる箇所を抽出、文字化し、冗談の前後の発話連鎖環境を分析した。また、彼らのグループが作り上げてきたローカルな歴史性と文化性が、そこにどのような関連を持つのかにも着目して通時的なプロセスを分析した。補助資料として、彼らのプロフィール（表6）を再掲し、彼らの間で頻出した話題について先に述べる。

　フォンと山原の話題は、学生生活にまつわる諸般のものが多くを占めたが、

表6　主な会話参与者の詳細なプロフィール

山原	グループの日本人メンバーの中では唯一の30代女性。社会人入学生で、4月以前にはメンバーのだれとも面識はない。外国人対象の日本語教師でもある。彼女は自分の年齢に言及することが多かった。4月の自己紹介では、冗談めかして「年食ってるんですけど、中身は伴っていないのでよろしくお願いします」と述べていた。ダオとは同じゼミのメンバーである。
山平	20代半ばの日本人女子学生。4月以前は、同大学の他専攻の学部生だった。日本語教育ではなく言語学を専門としている。4月の自己紹介では、自らのことを「おっさん」と称していた。他のメンバーとゼミは異なるが、院生室で勉強していることが多く、院生室での滞在時間が長いのが特徴である。
ダオ	20代前半タイ人男子留学生。大学院入学前の2年間、同大学で研究生として過ごした。研究を遂行できる日本語能力に加え、話し言葉（流行語、略語、方言等なども含め）にも通じている。山原とは同じゼミ生で、フォンを含めた3人で同じ授業を選択していることが多く、この3人での会話はよく見られた。
フォン	20代半ばのタイ人女子留学生。大学院入学前の1年間、同大学で研究生として過ごした。4月のインタビューで、これまで日本人の友達と呼べるような友達はいなかったが、できれば作りたいと述べていた。山原・山平とは4月が初対面である。ダオとは、研究生時代から1年間の知り合いである。彼女は、研究を遂行できるだけの日本語能力は十分であるが、話し言葉にあまり慣れていないような印象を受けた（流行語や略語、方言にはあまり通じていないということ）。

151

それぞれの話題の中で、山原のほうから金額の安さ、高さに言及することが多かった。定期代、趣味の楽器にかかる費用、実験機器の費用、教科書代、などである。また、「安物自慢（いかに良いものを安く買えたか）」に相当するような話題が多かったのも特徴である（会話例24 参照）。フォンも次第に、自分から唐突に金銭の話をすることが増えた。

　以下は、山原とフォンのバスで下校中の会話断片である。フォンがウクレレを始めようかと思っていると述べるくだりで唐突に山原がその金銭面に言及する箇所である。

会話例24　【2011年5月18日「ウクレレだったら安いし」】

```
001　フォン：　で:最近は:タイで:なんか今年（さいきた）ウ:ク:レ:レ:＝
002　山原：　　＝ウクレレ？
003　フォン：　ああそれは流行ってるけ［ど:
004　山原：　　　　　　　　　　　　　　［あ::
005　フォン：　なんか友達から聞いて:ギターよりちょっと易［しいだし:
006　山原：　　　　　　　　　　　　　　　　　　　　　　　［や－うんうんうんうん
007　フォン：　四つの:－
008　山原：　⇒　あ－そうだね:弦－あそうそう**ウクレレだったら:安いし**
009　フォン：　あ:::
010　山原：　　楽器も
011　フォン：　へ:
012　山原：　　たぶん1番安いやつだったらたぶん1万円ぐらいで買えるよ
013　フォン：　ふ:::::ん　＜どこで＞
```

　この会話断片では、フォンがギターよりウクレレのほうが易しいのでウクレレをはじめようと思っていると述べるくだりだが、008行目で唐突に山原がその金銭面に触れており、そのことに自身の強い関心があることを示している。

この山原による金額への言及は、のちに、留学生たちの冗談のリソースとして用いられることになる。

第4節　分析と考察
―「冗談関係」の構築プロセスと「からかい」の対象―

1. 冗談関係の構築プロセス

　本項では、まず先に分析の結果明らかになった以下の項目を挙げ、次にデータの詳細について紹介する。

1. フォンのからかいは、日本語に熟達した他のメンバーのからかい方法のパターンや言語形式を踏襲する形で行われ始めた。
2. フォンがからかいに用いた語彙は、からかいの対象者（山原）のグループ内で構築されたカテゴリーにかかわるものであった。
3. からかいの受け手（山原）はからかいを受けた後に、フォンのカテゴリーに言及する。つまり、フォンの「冗談」がフォン自身のグループ内でのカテゴリーを再構築するリソースになっていた。

データと分析

　本項で対象とするデータは以下の通りである。
　まず、最初のデータは、これから授業が行われる教室での休憩時間中の会話である。鉛筆を忘れた山原がフォンに借りようとする。

第 6 章 「遊びとしての対立」に見る関係構築

表14　分析の対象となるデータ

	タイトル	日　時	場　所	会話参与者
会話例 25	「鉛筆 10 円」	5 月 18 日	教室	山原、ダオ、フォン
会話例 26	「タダ」	6 月 15 日	教室	山原、ダオ、フォン
会話例 27	「さすが」	6 月 15 日	教室	山原、ダオ、フォン
会話例 28	「年寄りは食べたら太る」	7 月 22 日	院生室	山原、ダオ、フォン、山平、笹岡、板垣
会話例 29	「悪役」	11 月 11 日	バス	山原、ダオ、フォン

会話例 25　【2011 年 5 月 18 日「鉛筆 10 円」】

001　山原：　　フォンさん
002　フォン：　はい
003　山原：　　鉛筆貸してもらっ［てもいい
004　フォン：　　　　　　　　　　［は:いいいで［すよ
005　山原：　　　　　　　　　　　　　　　　　　［ごめ::んさっき
006　　　　　　ひら-(でもひら-)
007　フォン：　は:い　とんでもない
008　山原：　　(°ちゃって°)ごめんね:
009　フォン：　は:［い
010　山原：　　　　［ありがと:
011　フォン：　°う:う:ん°
012　　　　　　(0.4)
013　ダオ：　⇒　1 個 10 円
014　　　　　　(0.5)
015　フォン：⇒　は-¥1 個 10 円:hh¥
016　　　　　　(.)

017 山原: 50 え[えん?]
018 フォン: [え][hhh
019 ダオ: [hhh [.hhhh
020 山原: [フォンさん優しい[から]そんなこと言わないの
021 フォン: [hh]
022 フォン: ⇒ ¥ひゃ(h)く(h)(h)えん¥
023 山原: ふhh.h え?¥100 [円¥(.)¥ね-¥
024 フォン: [hhhhhh
025 ダオ: hhh
026   (0.5)
027 山原: .h.h.h
028   (0.4)
029 ダオ: こら::
030   (0.2)
031 フォン: h¥いえいえ冗談でs:::¥
032   (1.2)

　この会話断片では、001-011行目までは、山原とフォンの間で鉛筆の貸し借りが行われるやりとりである。この後、0.4秒の沈黙ができていることから、このやり取りは終了したことがわかる。ところが、013行目で、ダオの「1個10円」という発話で、その貸し借りを売買に見立てた冗談のフレームに移行する。015行目で、フォンは、この発話形式をもう一度笑い声で繰り返す。つまり、013行目のダオの発話がなければ、015行目のフォンの冗談は発生していない可能性が高い。山原は、このフォンの発話を、トラブルソースとして捉え、017行目で、「50円?」と問い直す。そこでこの冗談が機能した証拠として018、019行目で笑いが生じている。山原は、020行目で、冗談を言ったフォンのカテゴリー「優しい（人）」に言及し、フォンの発話を諌める。これは、フォンのフェイスを高める発話と言えるが、そこでフォンはその発話に抵抗を

155

示し、笑いながら「100 円」と 015 行目の「10 円」をアップグレードさせた冗談を言う。これは、相手といわゆる気を使いあう関係ではなく、「冗談関係」に持ち込もうとするフォンからの働きかけともとることができる。相手に対して金銭を要求することは、相手のフェイス侵害にあたる。しかし、その補償行為として、フォンは 031 行目で自らの行為を「冗談」と言い訳するメタ的発話を行っている。

ここで押さえておくべきことは、フォンの冗談が、ダオの発話の次の位置で、その形式をそのまま再生する形で行われていることである（013, 015）。すでにダオが冗談のフレームを作った後で同じ行為を行うことは、自分で最初に冗談のフレームを作るよりもはるかに安全な行為である。また、フォンは、このやり取りの最後に一連のやり取りが「冗談」であったのだと言及することで、相手に金銭を要求するという行為が決して相手へのフェイス侵害ではなかったのだと断りを入れている。

次に示すのは、授業開始前の雑談である。先行話題（IC レコーダーを購入した話題）との関連性がなく、唐突にフォンが今夏タイに一時帰国をするのに安くチケットを買えた、という話をした[31]後、山原が 10 年前にタダでタイに行ったことがある、という話を始める。

会話例 26 【2011 年 6 月 15 日「タダ」】

```
001   山原:     >なんか<あたしそれでバンコク行ったの覚え [てる
002   フォン:                                              [ん::ん
003           (0.7)
004   山原:    でも(.)タダやってん
005   ダオ:    え-それいつ::°ですか°
```

---

31) これには、山原が金銭面に関する話題を好むというこれまでの傾向から、フォンが意図的に話題を選択した可能性もある。

第4節　分析と考察

```
006  山原：    10［年ぐらい前
007  フォン：      ［タダ:::?
008  山原：    ¥タダ::¥
009           (0.3)
010  フォン：  どして
011  山原：    それは:△△((航空会社))のパーティーで:
012           (0.3)
013  フォン：  は↑:
014  山原：    チケットがあたってん
015  フォン：      ↑え:::::　((拍手　2.8))¥ほんまに?¥.h［hhh=
016  山原：                                              ［そう
017  フォン：⇒ =¥なんか¥<さすが>
018  山原：    >いえいえ<さ(h)す(h)［が(h)どどういう意味¥どういう意味¥=
019  フォン：                      ［hhhhhhh
020  山原：    hhhhh.hhh.hさす［が貧乏はすごいってh］hhhh［hh］.h.h=
021  フォン：                  ［やすく(.)かえる　  ］      ［¥いえいえ¥
022  山原：    =hhh.h.h
023  フォン：  ただで:チケッ［トも　］:もら［える］
024  山原：                  ［ただで:］     ［そう］
```

　山原の提示した「10年前にバンコクにタダで行った」という話題について、そのいくつかの要素の中で、フォンが「タダ」という部分に焦点化したことが、007行目のフォンの発話からわかる。ある航空会社のパーティーでチケットがあたったという山原の報告に対し、フォンは017行目で笑いながら「さすが」と述べる。「さすが」という形式は賞賛に用いられるが、その対象は山原が無料でタイに旅行したという行為である。笑いを伴っているため、聞き手には挑発（からかい）への傾きをもって聞こえる可能性がある。つまり、この発話は賞賛と挑発（からかい）の間の境界的な発話と言える。事実、この発話をトラ

157

ブルソースとみなし、山原は、その意味を018行目で問いただした後、020行目でフォンの内心を推察し代弁している。ここで、注目したいのは、「さすが」は同じ日の5分ほど前の会話中(山原が安く買い物をしたことを、ダオが揶揄した文脈)で、用いられた言語形式であるということである。(以下会話例27参照)。

会話例27 【2011年6月15日「さすが」】

　ダオが山原の新しいICレコーダーを指して「エアコンのリモコン」のようだと形容するくだりである。フォンも自身のICレコーダーを最近購入している。

```
001   ダオ:    .hh
002   山原:    え:なに¿
003   ダオ:    なんかあの s-エアコンのリモコン [み [たい
004   フォン:                              [あああああ
005   山原:                                  [エアコンのリモコンみたい¿
006            そうそうあ fh [hh ほんまやね:
007   フォン:                [.hh
008   山原:    [¥ちょっとちっちゃ(h)いエアコンのリモコン¿¥
009   ダオ:    [hhh
010   フォン:  hhh
011            (0.6)
012   ダオ:    この-(0.3)アイ-(.)いまま-(.)え¿このあいだはこれじゃなかっ t-
013            (0.6)
014   フォン:  こ [れ
015   山原:       [こないだ:フォンさん-
016   ダオ:    あ:
```

017   (0.3)
018 フォン: あ:
019 山原: じゃなかった?
020   (0.5)
021 山原: これはあ(.)た［しの
022 フォン: ［赤いやつ
023 ダオ: ほ:ん
024 フォン: ん::
025 山原: あたしの個人の
026   (0.3)
027 フォン: ん::
028 ダオ: ふんふんふん
029 山原: いっちゃん安いやつやからねぇ(.)［すごいシンプルなの
030 フォン: ［°うん°
031 ダオ: nf(h)f(h)f(h)f(h)f(h)(0.2)や:f(h)f(h)f(h)f(h)f(h)f(h)
032 山原: なに何［笑ってんの::
033 ダオ: ［.h°ひは:°
034 山原: やっぱりな:［って<安物やから>山原のか:っておもてるんやろ:
035 ダオ: ［h いえ(h)違°います°
036 山原: h［h.hh(.)h
037 フォン: ［hhh
038   (0.6)
039 フォン: わ:［た:しも
040 山原: ［.h.h
041   (0.2)
042 フォン: ごせん［(.)［ごひゃくえん
043 山原: ［hh
044 ダオ: ［hhh

第 6 章 「遊びとしての対立」に見る関係構築

```
045            (.)
046  山原：   これでもねよん [せん-んはっぴゃくえんぐらい [よ
047  ダオ：                [hh                        [hhh
048  フォン： ん::だいたい同じ
049  ダオ：   ¥なんでこれでもって(h)°いうんですか°¥
050  山原：   え [え?
051  フォン：    [hhhhh
052            (0.6)
053  山原：⇒ さすがって
054  フォン： h [h
055  山原：     [hhh
056            (1.7)
057  ダオ：   いいじゃん買い物上手っていうこと [じゃないですか:
058  山原：                                   [ん:
059            (.)
060  山原：   ¥思ってないやろ [:(h):(h):(h):(h):(h)¥
061  ダオ：                 [思ってる思ってる:
062            (0.5)
063  ダオ：   ん:
064  山原：   ¥そうよっ買い物上手なの¥
065  フォン： ん:
066  山原：   hhh.hhhhh
067            (2.5)
```

　ここで押さえておくべきことは、「さすが」という言語形式が、山原が既に先行話題で冗談として用いた形式を利用しているということである。Maynard & Zimmerman（1984）は過去に行われた発話の言語形式を現在進行中の会話に結びつけて再利用することを "tying practice" と呼んでいる。このような "tying practice"は会話参与者間に共有知識があるという関係を可視化する行為でもあるとしている。会話例27では、「さすが」という形式が「山原は安物買いである」という意味で使われている。会話参与者間において、この意味は保持されているので、会話例26においても、フォンが「さすが」を用いただけで、そのような意味が再現可能になる。

　会話例26では、フォンが007行目で「タダ」に焦点化し、それを受けた山原の笑いながらの発話「タダ」(008)によって冗談のフレームに移行している。フォンの発話だけでは、冗談のフレームに移行するのは難しいが、山原がそれを冗談として承認したために、冗談のフレームが構築された。このようなフレームができているため、017行目の位置で、フォンのからかいが差し出しやすい状況ができていたと言えよう。

　次の会話断片は、7月22日の授業終了後、院生室での会話である。板垣とダオがドリアンチップスを食べ続けている。横で山平と会話をしていた山原が、そのことを指摘するところから始まる。

会話例28　【2011年7月22日「年寄りは食べたら太る」】

```
001  山原：   また2人で食べて
002  板垣：   (・・・・)って
003  ダオ：   [ふ::ん
004  山平：   [hhhhhhh
005  山原：   °また2人で食べて°
006           (1.2)
007  ダオ：   °あ:ん°え3人で食べましょう．
008           (.)
009  笹岡：   h[hhhh
010  山原：    [hhhhh
011  板垣：    [hhhhh
```

161

```
012  山平：      ［hhhhhh
013             ((手を打つ音))
014             (0.9)
015  ダオ：      ¥自分の物みたいに¥
016  山原：      hh¥んもお¥
017  山平：      .h.hh ［h
018  ダオ：            ［(・・・)
019  山原：      >2人でポリポリポリポリ食べ［てから<
020  フォン：⇒                       ［年寄りは食べたら［太るよお hhh
021   ？ ：                                              ［bang((机を叩く音))
022  笹岡：      えっ
023  山平：      nfhh ［hhhhhhhhh
024   ？ ：             ［bang-bang((机を叩く音))
025  笹岡：      出た
026  フォン：⇒  ¥若［者は大丈夫¥hh
027  山平：          ［出た
028  山平：      出た
029  山原：  ⇒  フォンさん遂に言うたな h ［hhh
030  板垣：                            ［hhhh
031  笹岡：                            ［hhhh
032             (.)
033  山平：  ⇒  .h みんな［誰も怖くて-  ］誰も怖くて言われへんことを
034  山原：            ［そんな攻撃的な］
035  山原：      ¥怖くて言われへんて(.)思うてたんかい¥
036  ダオ：      ［hhhhhh
037  笹岡：      ［hhhhhh
038  板垣：      ［hhhhhh
             (中略)
```

第4節　分析と考察

```
097  山原：     ⇒ おな［か真っ黒］
098  フォン：         ［これ　愛］して［るから
099  山平？：                    ［真っ黒
100  板垣：         真っ黒
101  山原：         >あたし愛してない<
102              (0.2)
103  山原：         hhh
104  フォン：         冗談です
```

　001-019行目までは、板垣とダオが食べ続けていることに対する山原の指摘と、それに応酬するダオの冗談のやり取りである。一連のやり取りが終わった後で、もう一度山原が「2人でボリボリボリボリ食べてから」と繰り返している (019)。ここで先行話題が終了できる位置であることがわかる。020行目は、山原に対するフォンのからかいの発話である。「年寄り」は、山原のカテゴリーに言及する語彙であるが、021-024行目までの周囲の笑いなどの反応から、冗談として機能したことがうかがえる。022行目の「えっ」という発話はフォンの発話をトラブルソースとして捉えたことを示す。026行目の「若者は大丈夫」という発話はさらに、20代である自分たちと、30代である山原を明確にカテゴリー上切り離す発話である。ここで、周囲のメンバーが「出た」「出た」と述べているが、何が「出た」のかは、後の部分で明らかになる。029行目で山原は「遂に」という語彙を用いているが、これはこれまでの長い時間の経過を暗示する。言葉には出さないまでも、山原が「年寄り」であるという共通認識があったことを指す。さらに033行目での山平の発話から、グループのメンバーの共通認識として山原が「年寄り」として位置づけられていたことが示される。097行目で、山原はフォンへの返報として、「おなか真っ黒」と言っているが、それに山平、板垣も追随して「真っ黒」と述べている。これが、先述の025、027、028行目で「出た」ものの正体、「腹黒さ」であると同時に、冗談を言ったフォンに対する、グループ内での評価、カテゴリーの再構築となっ

163

ている。104行目で、フォンは自分の発話が冗談であったと釈明するメタ的発話を行っている。

　この会話断片でも、すでに山原やダオによって作り上げられた冗談フレームの後に、フォンのからかい発話が位置していることに注目したい。さらに、彼女のからかい発話「年寄り」はきわめてフェイス侵害度の高い語彙であると言えるが、それを受け止める山原自身と周囲のメンバーの発話を見てみると、彼女たちは「出た」「遂に言うたな」などという表現を使って、フォンがそのような言語的攻撃とも取れる行為を行うようなカテゴリーを持っていることを知っていたかのようにふるまっている。つまり、彼女のカテゴリー（腹黒い人）へのある意味での理解を示しているのである。さらに、033行目で山平が「誰も怖くて言われへんことを」と述べたことによって、他のメンバーが全員フォンと同じように思っていたということを示し、フォン1人を攻撃者にするのを回避している。つまり、受け取る山原、周囲のメンバーがフォンの直接的攻撃に取られかねない発話（020）を「冗談」というフレームに乗せるために協力体制を敷いていることがうかがえる。また、彼女たちはフォンのカテゴリーについて「真っ黒」と繰り返すことで、彼女の「攻撃性」をひとつの「個性」として再構築を図っている。

　次の例は、フォンのからかいが失敗に終わる例である。山原とダオ、フォンが帰宅途中バスに同乗している。ICレコーダーで録音を始めた直後の山原の発話をダオがからかう。

会話例29　【2011年11月11日「悪役」】

001　山原：　　どうしよう中間発表
002　ダオ：　　.h¥なんか急に:なんていう-<セリフ>(.)っぽくな[った¥
003　山原：　　　　　　　　　　　　　　　　　　　　　　　[セリフ[っぽくなった？
004　フォン：　　　　　　　　　　　　　　　　　　　　　　　　　　[(・・・)
005　山原：　　ちょっと女優に[なってみてん]hahhahha

006 ダオ: [fh[ahahaha]
007 フォン: [fhahahaha]
008   (1.0)
009 山原: 女優やもん
010 フォン: ⇒ °ん::[:°ちがう]よ
011 山原: [何その目は]
012 ダオ: f[.hhahhhh
013 山原: [hhh.h.h
014 フォン: ⇒ **なんか:女優じゃなくて:ちょっと:悪い:女の-なんか反対は-な-**
015   **なんのことば**
016 山原: 何よ
017   (0.4)
018 フォン: なんて[いうん°ですか°
019 ダオ: [なんか悪い役の:¿
020 フォン: お[:そそ   ]うそう
021 山原: [どういう意味?]
022 山原: え悪い役はフォンさん?
023 フォン: い:ええ[:]<じょゆう>(0.6)の[:::]なんか(0.5)いい人とは-=
024 山原: [あ:¿h]   [え:なに:?]
025 フォン: =(0.3)でもタイと同[じ
026 山原: 悪役?
027   (1.0)
028 フォン: あ:::[:::
029 ダオ: [悪役
030   (0.6)
031 フォン: ⇒ .h¥あっく[やっ-¥
032 ダオ: [°nfufuhh°
033   (0.6)

第 6 章 「遊びとしての対立」に見る関係構築

　この会話断片は、ダオが山原の発話を捉えて「セリフっぽい」と揶揄するところからはじまっている。それに対し、山原は自分が女優だからであると冗談めかして反応している (005, 009)。このやりとりはここで終了が可能となる位置にあるが、そこで、フォンは不同意の発話を繰り出している (010)。山原が「何その目は」とフォンに対して述べており 012 行目と 013 行目で笑いが起きているので、次の 014 行目はそのアカウントとしてフォンがからかい発話を繰り出すことが可能な位置であるが、フォンはすぐに「からかい」に移行できず、「からかい」語彙の言葉探しを行っている。その後、フォンは、山原とダオに表現にふさわしい言葉を尋ね、ようやく 028 行目でたどり着いている。そして、031 行目においてからかい発話のやり直しを行っているが、この発話は山原の笑いを得ることができず、ダオからもごく小さな声での笑い反応が得られただけで、冗談として成功しているとは言い難い。さらに、この後の発話で、山原がフォンを指して「悪役」「腹も黒いし、ぴったり」と述べるくだりがある。
　ここでも、フォンのからかい発話は、ダオと山原の冗談のやり取りの直後に位置していることがわかる。しかし、フォンのからかい発話は冗談としては失敗に終わっている。その原因のひとつには、彼女がからかい発話をなすべき位置 (014) で適切な語彙を発見できなかったために、からかいが遅れてしまったこと、もうひとつは、前の断片における「年寄り」などのように、「悪役」が、グループ間で共有認識とされからかいの対象として定着し安全に「からかい」と受け取られる対象ではなかったことが挙げられる。

考　察

　以上の分析を、表 15 にまとめた。この 4 つの会話断片を通しての共通点は、フォンのからかい発話が、ダオをはじめとする他者が会話に冗談のフレームを導入した後に置かれていることである。そして、そのからかい発話の言語形式も、会話例 25 はダオの完全な複写、会話例 26 は 5 分前の冗談の文脈で山原の使用した語彙だった。また、フォンのからかいの対象となったのは、グループ

内で構築され、メンバー間で共有されている、山原のカテゴリー（「安物買い」「年寄り」）にかかわるものだったことも挙げられる。フォンの冗談の後、山原はフォンのカテゴリー（優しい人、腹黒い人）に言及していた。

表15　フォンのからかいの位置と形式

	会話例25 【10円】	会話例26 【さすが】	会話例28 【年寄り】	会話例29 【悪役】
位　置	ダオのからかい発話の直後	ダオの同様のからかい発話の5分後	ダオらの冗談の直後	ダオのからかい発話の直後
形　式	ダオの発話の複写	山原の言語形式の複写	オリジナル	言葉探し
山原のカテゴリー		「安物買い」	「年寄り」	「悪役」
フォンのカテゴリー	「優しい人」		「腹黒い人」	「悪役、腹も黒い」
成　否	○	○	○	×

　からかいは解釈によっては攻撃と取られかねない行為である。しかし、日本語に熟達した他のメンバーの冗談の後、その形式を借りて「からかい」を行っていたフォンは、この危険性を回避できていた。また、からかいの対象とした山原の「安物買い」や「年寄り」というカテゴリーは、すでに本人からも（自己紹介や過去の話題において）自己申告され、メンバー間でも共有の知識となっていたため、からかいに使用したからといって遊戯性を含まない攻撃と解釈される危険性は低いものであったと考えられる。また、「年寄り」などの直接的な攻撃も、周囲のメンバーがそれを「冗談」として受け入れることで、攻撃性が希釈されていた。

　また、からかわれた山原と周囲のメンバーは、冗談の直後、繰り返しフォンを「腹黒い」と称する。このことは、「からかいが好きな人」というフォンのカテゴリーをメンバー間で再構築する。つまり、冗談を言えば言うほど、フォンのグループ内でのカテゴリーをより強固なものにするということに繋がる。

　冗談が失敗に終わった例では、フォンはからかいにあたる言葉が出てこず、

しきりに言葉探しをしていた。からかい発話が出るべき適切な位置で適切な発話ができなかったことが失敗の原因の1つとして考えられる。さらに、からかいの対象が、グループ間で醸成されてきた山原のカテゴリーにはないものだったため、受け入れられにくかったということも考えられる。

ここで、からかいの対象が、グループ間で共有認識とされたからかいの受け手のカテゴリーにかかわるものだったことが判明したが、このからかいの対象となるカテゴリーはいったいどのような性格を持っており、そのカテゴリーに言及することによって、彼らは何を行っているのか。次項において検討したい。

2. からかいの対象となるカテゴリー

グループのメンバーたちは、何をからかいの対象とするのか。本書のデータにおいては、その人の外見や固定的属性から喚起されるイメージとはかけ離れたカテゴリーがからかいの対象となることが多かった。以下、フォン、山平、ダオを例に紹介するが、その前に、本項で扱うデータを表16に示す。

表16 分析の対象となるデータ

	タイトル	日時	場所	会話参与者
会話例30	「フォンさんは腹黒い」	9月15日	レストラン	山原・山平・笹岡・ダオ
会話例31	「タイ人女性」	7月22日	院生室	山原・山平・板垣・ダオ・フォン
会話例32	「2度づけあり？」	9月15日	レストラン	山原・山平・笹岡・ダオ
会話例33	「家で飲む」	11月11日	学生食堂	山平・ダオ・フォン・ブン
会話例34	「旅しおり」	7月22日	院生室	山原・ダオ・板垣
会話例35	「箸置き」	9月15日	レストラン	山原・山平・笹岡・ダオ

データと分析

　まず、フォンは前項で紹介したデータ内でもあったように「腹黒い」と称され、からかわれることが多かった。メンバー内で、彼女は外見が女性らしく優しそうと評されていたのだが、そこから喚起されるイメージと内面は異なると指摘されている箇所がしばしば見られた。以下の例は、9月にレストランで山原・山平・笹岡・ダオがフォンの噂話をしているところである。

会話例30　【2011年9月15日「フォンさんは腹黒い」】

```
001  ダオ：    フォンさんに見てほし[い
002  山平：               [hahah[ha
003  山原：                    [フォンさん[もう絶対なんか言うで
004  笹岡：                              [こわフォンさんおったら
005           も[うー
006  山平：     [ぜったい爆笑やで[:::
007  山原：                    [フォンさん最近あたしに風当り
008           きっついきっつい
009           (0.2)
010  ダオ：⇒  腹黒やもん．
011  山平：   そやフォンさんツッコ[ミがめっちゃ聞きたいわ::
012  ダオ：                    [んで
013           (1.5)
014  山平：   うあ::め[っちゃ聞きたいな::
015  山原：⇒        [ちょーフォンさんのあの口調とさ:言ってることの
016           間のギャ[ップがすごくな:いこ
017  山平：          [そ::
```

```
018          ⇒  それであの (.) 口調!?
019   山原:     そう[そう
020   山平:        [<ふわっ>と[した感じで言っておきながらみたいな:
021   山原:                   [そうそうそうそうそう
022            そうやね::ん(.)あ:れ:は:すごいな:::
023   山平:     う::ん
024            (6.0)
```

010行目でダオは、フォンのことを「腹黒」と評している。そして、015、016行目と018、020行目では、山原と山平が口々にフォンの「ふわっとした」口調と言っていることの「きつさ」のギャップが大きいことを述べている。つまり、「腹黒」の示していることの意味を彼女たちが言わずとも共有していることを示している。

次の例は、同じく、フォンの外見と言動のギャップについて言及する箇所である。ダオを手厳しくからかったフォンに対して、同じグループのメンバーが「ツッコミ」を入れる。

会話例31　【2011年7月22日「タイ人女性」】

```
001   山平:     タイ人女性って強いよな::[:
002   山原:                          [そうタイ人女性ってすごいで:
003   ダオ:                          [う:ん
004            (.)
005   板垣:     ほんっとに
006            (0.8)
007   山原: ⇒  な:んか見た目ふ:んわりしてても:(.) [実は
008   山平:                                    [そ:
009   フォン:   ええ[え
```

170

第4節　分析と考察

010　ダオ: ⇒　　　[¥腹黒い¥hhh

　この会話断片では、ダオを手厳しくからかったフォンに対して、001行目で山平が「タイ人女性って強いよな」と言い始める。「強い」の中身には言及されていないが、山平は間髪をいれず、同意を行う（002）。そして、005行目で、板垣も「ほんっとに」と強調する。ここで、彼らの間でフォンの「すごさ」がその中身を言わずとも共有されていることが示されている。007では山原がフォンの外見の女性らしさ（ふんわり）に言及し、その続きを言っていないにも関わらず、山平は008行目で「そ:」と同意し、ダオが、その先を「腹黒い」と先取り完了（串田，2006）させている（010）。つまり、山原の言わんとしているその先をメンバー全員が理解していることの表示である。この事例では、フォンの「腹黒さ」がこの場にいるメンバー全員の共有認識としてあることが確認される。

　上記2つの事例からは、フォンの「ふんわり」で表される女性らしい外見・口調から喚起されるイメージとは異なる「腹黒さ」がからかいの対象になっていること、彼らがそういった共通認識を持っていることをお互いに対して可視化していることがわかる。

　次に、山平は20代前半の若い女性であるが、「おっさん」を自称し、他のメンバーからも「おっさん」とからかわれる例が頻繁に見られた。まず、第4章で紹介した、自己紹介の際に自らを「おっさん」と称していたデータを再掲する。

会話例1　【2011年4月21日「山平の自己紹介」】（再掲）

001　森田: ⇒　はいじゃあトップバッターヒラさんお願いしま::す．
002　山平:　　はい
003　野田:　　¥ヒラさん¥
004　全員:　　(2.0)((拍手))

171

第 6 章　「遊びとしての対立」に見る関係構築

```
005　山平：　　え::と M1 の山平あさみと言いま:す．よろしくおねがいしま::す．
006　森田：　　よろしくおねがいしま::す
007　山平：⇒　え::っと何しゃべりましょう[(1.0)え::っと:中身おっさんが=
008　？：　　　　　　　　　　　　　　　　[ahhahha!
009　山平：　　=住んでるんでえ,えっ[酒飲んだら本性出てくるんで=
010　？：　　　　　　　　　　　　　[hhh
011　山平：　　=>あんまり飲ませないでください！<
```

　このデータ内において、山平は自らについて中に「おっさん」が住んでおり、酒を飲むと本性が出てくる（009）、と述べている。さらに、このことについて他のメンバーが言及するデータがある。次の会話例 22 は、自分を「娘」と称した山平に対し、山原がすかさず「おっさん」と言い換える場面である。

会話例 22　【2011 年 9 月 15 日「かしまし娘」】（再掲）

```
001　山平：　　¥ダオくん大丈夫？<3 人>の::なんか(0.2)
002　　　　⇒　関西の(.)うるさいか [しまし娘に¥ (0.2)
003　笹岡：　　　　　　　　　　　　[hahaha
004　ダオ：　　¥ちょっとあの-¥
005　山平：　　はさまれてる [けど
006　ダオ：　　　　　　　　[ど-どんびきしてる
007　山平：　　はっ hhhh
008　山原：　　hhhhh
009　笹岡：　　hhhhh
010　笹岡：　　¥ちょっとどんびきって(.)ちょっとついただけで(0.3)どんびき¥
011　山平：　　¥どんびきやからな結局は¥
012　　　　　　(0.3)
013　山原：⇒　娘っていうか 1 人¥おっさんやからな¥
```

014	山平:	え↑え
015	笹岡:	hhh
016	山平:	ちょっとお(0.8)どういうことお?
017		(1.0)
018	ダオ:	確か [にやっ-
019	山平:	[ええ
020	ダオ:	店に入って:°なんか°ビールを頼む-という(.)女性?
021		女性だったら(たぶん)見たことないわ,タイでは.
022	山平:	まじで?
023	山原:	ええそうなん [や
024	ダオ:	[う:ん.うん.(0.2)と:-あの-まビールの
025		ん-まビールとかお酒とかのんで:(0.2)
026		おいしいとかうまいとかそういうの聞いたことない [タイでは
027	山原:	[え::

　この例では、山平がその場にいる日本人女性3人を総称して「関西のうるさいかしまし娘」(002)としているが、それに対して、山原が「1人おっさん」であると訂正し、からかっている(013)。その1人が山平を指していることは、山平自身の抵抗を示す反応(014, 016)、笹岡の笑い(015)からうかがえる。さらに、ダオは山平が「おっさん」であることの根拠として、店に入ってビールを頼む(020)、ビールや酒を飲んでうまいという(024, 025, 026)などを提示している。この例からは、山平が若い女性という女性から喚起されるイメージとはかけ離れた「おっさん」らしい特性を持っていることが、メンバーの間の共有認識としてあることが示されている。次に、そのカテゴリーを含みこんだ「おっさん」という呼称が、場に笑いを引き起こすものであるという事例を見てみたい。次の例は、同じ場面の10分後の会話である。食事中、餃子のたれをみんなで共有しているため、食べかけの餃子にもう一度たれをつけてもいいかどうかを「2度づけあり?」という表現を使って山平がみんなに問う場面

第 6 章 「遊びとしての対立」に見る関係構築

である。

会話例 32 【2011 年 9 月 15 日「2 度づけあり？」】

```
001    山平：    2 度づけあり？
002             (0.3)
003    山原：    h[hhahhahhhha
004    ダオ：    [phhh
005    笹岡：    hhh
006    山平：    いちおう人のと（共有するとしたら）聞かな
007             あかんやろ:((食べながら話しているため不明瞭))
008             (0.5)
009    山原：  ⇒ hh¥おっさんなりの配慮はあったんや¥
010    山平：    nhhhh[hhh
011    笹岡：         [nfhahahaha
012    山平：    笑いすぎ:[::
013    笹岡：            [fha!
014    山原：    ha.ha..hahaha
```

001 行目の山平の発話の後、笑いが起こっている。その解釈が示されているのは 009 行目の山原の発話「おっさんなりの配慮はあったんや」である。つまり、「おっさん」というカテゴリーが想起させるものは、ある種の大胆さ、無神経さのようなものであるが、「2 度づけあり？」と自分の食べかけをもう一度共有のたれに付けてもよいかと聞く態度は繊細な配慮のある行為である。この対比落差から笑いが生じていると言える。そして、山原の発話（009）のあと、さらに激しい笑いが生じていることから、山平が「おっさん」という特性を持っていることがメンバーの共有認識としてあり、この「おっさん」という呼称がメンバーの間に繰り返しおかしみを呼び起こすものであることが示されている。

第4節　分析と考察

　次に、ダオの例を見てみたい。ダオはタイ人男性である。「男性」でありながら甘いものが好きで、ダイエットを気にしているということがよくからかいの対象となっていた。以下は、11月にタイ人留学生のダオ、ブン、フォンと山平が食堂で夕飯の食事をしている時の会話である。4人は大学のキャンパス近辺に下宿しているが、この近辺は最終バスの時間が早いので、「夜遊び」ができないので困るとダオが述べる場面である。

会話例33　【2011年11月10日「家で飲む」】

001	ダオ：	夜遊びができないから(.) [困る
002	山平：	[まあいいんちゃう
003	ブン：	hh
004	フォン：	うん
005	ダオ：	困る
006	山平：	hhh
007	ブン：	¥夜は勉強に集中できる¥hhh
008	山平：	そうそう[そうそうそう
009	フォン：	hhhhhhh[hhhh
010	山平：	[夜遊びすんなってことやって.
011	ブン：	hhhhhh
012	ダオ：	やいや.だから家で飲んでる.
013	ブン：	hhhhh
014	フォン：	hhhhh
015	山平：	結局飲むんかい.
016	ブン：	hhh
017		(12.0)
018	山平：	家で何飲むん.
019		(1.6)

第6章 「遊びとしての対立」に見る関係構築

```
020  ダオ：   いや.普段は飲まな[いけど:::_あの:
021  山平：              [あn
022  ダオ：   (のむ::::).h (0.5) としたらあの:
023  ブン：   チューハイ.
024  ダオ： ⇒ いや(.)>なんていうか< (1.0) あの
025           カロリー (0.8) ¥糖質と:(.)>なんか<¥
026           れ:::::::(0.9) パーセント:?
027  山平：   うんうんうん
028  ダオ：   のあれ::hhh(0.6)カシスオレンジ.
029  ブン：   ahhahahahahahhh[hh
030  山平：                  [¥あのかわいいうえにめっちゃ
031           気にしてるなあ¥
032           (1.0)
033  山平：   ↑ほんまあ[の::
034  ダオ：           [飲みたいくせにっ!(0.8)°なんという°
035           (0.3)
036  山平：   かわいいなあ[:飲むもん
037  ダオ：              [ダイエット‐気にしてるみたい
038           (1.0)
039  山平： ⇒ なんか (0.5) 大学入ったばっかりの
040           女の子みたいや [ん
041  ブン：                 [ん hahahhha
042           (.)
043  ダオ：   ¥そうだよ.¥hh[hhh
044  山平：              [かわいいや::ん
045           (5.7)
```

この会話において、ダオは夜遊びができないのは困る、家で飲んでいると述べ

176

第4節　分析と考察

る。そこからは「酒好き」なイメージが想起されるが、家で何を飲むのか追及(018)されたダオは音の引き伸ばしや沈黙、フィラーで言いにくさを示しながら、「カロリーと糖質が0パーセントのカシスオレンジ」を飲むと述べる（022, 024-026, 028）。その後、すぐブンの笑いが生起している。山平はその笑いの解釈となるような発話を次で示している（「かわいいうえにめっちゃ気にしてるなあ」030, 031）。そしてさらに、039、040行目でダオについて「大学入ったばかりの女の子みたい」と評している。つまり、ダオの「男性」という固定的属性から想起されるイメージとはかけ離れた「女の子」らしさをからかいの対象としていることがわかる。

ここまで、「女性」や「男性」といったジェンダー（固定的属性）に付随するイメージとはかけ離れた本人の個性をからかいの対象とする例を見てきたが、次に「タイ人」「日本人」という国籍に付随するイメージをリソースとしてからかいを行っている例を見ていきたい。

ダオは、タイ人学生であるが、頻繁に「日本人みたい」とからかわれることが多かった。次の例は、7月に院生室で行われた山原・板垣・ダオの会話である。8月に学科でタイに研修に行くのだが、そのしおりを作ったと言って板垣が山原とダオに見せる。

そのしおりを見たダオが、あるテレビ番組の「旅しおり」（旅館や、ご当地グルメ、旅館の男前従業員を紹介するコーナー）を話題に持ち出す。

会話例34　【2011年7月22日「旅しおり」】

```
001   板垣：   見て::
002   山原：   あ::
003           (0.5)
004   板垣：   しおり作ってん
005   山原：   なんの::¿(0.3)あっ
006           (0.3)
```

007	板垣:	タイの
008	山原:	タイの:::¿
009	ダオ:	旅－＝
010	山原:	＝すげ:::[:
011	板垣:	[これ見たら行[きたくなる]でえ
012	ダオ: ⇒	[旅しおり　]hhhhhhh
013		(0.6)
014	板垣:	これ見たら行きたくな[るでえ　]＝
015	山原:	[すげ::::]
016	ダオ:	＝朝の[あれみたいなあの　]旅しおり？
017	山原:	[ssすでに行きたい]
018	ダオ:	°ん>なんやったけ°<
019	板垣:	ん?[なに::?
020	ダオ:	[あの: (0.6)>なnか<朝:朝の番組のあれ:: (0.3)
021		°なんだっけ:°
022		(0.3)
023	板垣:	旅サラ[ダ?
024	ダオ:	[よ－よーいどん?
025		(0.3)
026	板垣:	よーいどん:?
027	ダオ:	うん.の::旅しおりっていってあの:なん－°か°－
028		な[ん－旅館:　　]とかの紹介とか:
029	板垣:	[あ.なんやっけ::]
030	板垣:	あああああああ
031	ダオ:	うん.nか[－と－なんか当店自　]慢の:::
032	山原:	[すごおおおおおおおい]
033	板垣:	んんん男前男[前紹介しますやろ.
034	ダオ:	[イケメンでそそそhhそそhh

第4節　分析と考察

```
035  板垣：    hhhhh[hh
036  ダオ：        [¥あれあれあれ¥.hhhh あれを
037  板垣：⇒ ¥ダオさん[－ダオくんそんなん見てんねや.¥
038  ダオ：           [n-ffhhhffhh.hhhhhhh.hh
039          ¥ん::ま－た－[たまに:hh¥
040  山原：⇒              [なんか:::::°ダオさんて°日本人より日本人よね:
```

　この会話断片は、しおりを作ったという板垣の自慢とそれに対する山原の賞賛から始まる（001-017）。そこに、ダオがそのしおりから想起されたテレビ番組のあるコーナー（「旅しおり」）について話そうとし始める（009, 012）。しかし、この発話がすぐには2人に理解されなかったため、「旅しおり」の説明をはじめる。020-036行目までは、板垣が知っている知識を候補として挙げながら、「旅しおり」というテレビ番組のコーナーを同定させる作業である。この間、山原の発話は032行目の「すごおおおおおおおい」の評価のみである。037行目で板垣がダオへの評価を、笑いながら、「そんなん見てんねや」という発話で行い、ダオは038、039行目で笑いながら「たまに」という発話で限定的に認めている。ここから、「旅しおり」が、笑われるような有標性を備えたテレビ番組のコーナーであることが、板垣とダオの間では共有されている[32]。しかし、山原にはそのことが共有されていない可能性がある（同定作業にかかわっていないこと、「すごい」という評価発話しかないことから）。037行目の板垣の発話は、ダオが「旅しおり」というテレビ番組を見ていることへの評価である。評価には、「第2の評価」が（隣接ペアよりは弱いが）連鎖上の含みを持つ（Jefferson, 1985）。しかし、山原が「旅しおり」に関する知識を持っていない場合、その旅番組の内容に関する評価はできない。山原がこの行為スペースに参加し、評価を行う方法の1つとして「旅番組の内容はともかく、

---

[32]「旅しおり」は、関西ローカルのテレビ番組の1コーナーで午前11時ごろ（つまり視聴者が主婦層などに限られているような時間帯）に放映されていた（当時）。

日本人である自分すら見ていないテレビ番組を見ている」ことを対象とする方法がある。山原の「なんか、ダオさんて日本人より日本人よね」(040) という発話はそういった含みを持っていると考えられる。ここでは、ダオが「タイ人」「留学生」という属性からは想起されにくい「日本のローカルな午前中の主婦向けのテレビ番組を見ている」ということがからかいの対象になっている。

次の例は、日本人女子学生である山原、山平、笹岡が、自分たちとの比較において、「日本人らしい」特性をもつダオをからかう場面である。4人はレストランで食事をしているが、その中で1人だけ箸袋を折って箸置きを作っていたダオを山平が取り上げて指摘する。

会話例35 【2011年9月15日「箸置き」】

```
001  山平:    でさ:あ:
002          (2.5)
003  山平: ⇒ ¥1番日本人らしい箸置き作ってる人.¥
004  笹岡:    hhh
005          (0.8)
006  山原:    ごめんあたしほんとふにゃふにゃ[やで.
007  笹岡:                                [hhh
008  山平:    hh¥あたしもどこ行ったかわかれへん¥
009          (.)
010  笹岡:    ¥な::い::し.¥
011          (0.5)
012  笹岡:    hh
013  ダオ:    先生がやってたから°その°みんなやるんだろうなと思って
014          [やったんだけど
015  山平:    [ん::ん.あたしやらへん.
016  笹岡:    あ:::も:
```

017   (.)
018 山原: やらへん.しかも[これここにちゃんと
019 笹岡: [でもそんなきれいな:きれ::
020 山原: うん
021 山平: ちゃんときれいに作ってる
022 山原: えらいえら[い
023 山平: [あたしこのへんに丸まったある‐てあったわ.
024   (2.2)
025 山平: ほんまうちら日本人の平均値じゃないんやろうな:ほんまにな:
026   (0.6)あかんな:うちら.

　003行目の山平の発話は、笑いを含みながら行われ、笑いの連鎖への誘い入れ[33]となっており、「1番」と比較する報告を次の位置で可能にする。つまり、山平は「留学生」でありながら几帳面に箸袋で箸置きを作るダオを「1番日本人らしい」とからかっており、自分たちがそれに比してどうかを報告する場面を作り出している。その行為スペースに参入する形で、山原が「あたしふにゃふにゃ」、山平が「あたしもどこ行ったかわかれへん」、笹岡が「な::い::し」と各自笑いながら自分の場合の報告を行っている。彼女たちの箸袋は形状が崩れているか、どこかへ行ってしまったという報告をすることで、自分たちの杜撰さを示している。そして「日本人の平均値じゃない」(025)という言葉で、自分たちの「日本人らしくなさ」を強調しているのである。

考　察

　ここまで、彼らのからかいの対象が、その外見や固定的属性から想起されるイメージとは異なるカテゴリーであることを示してきた。これは、成員カテゴ

---

33) 笑いに対する選好応答は笑いである。(Jefferson, 1984)

第6章 「遊びとしての対立」に見る関係構築

リー化装置のカテゴリー付随活動から外れた活動がからかいの対象となっていたと言うことができる。

表17に、もう一度、本書の調査対象者のからかいについて整理する。

表17　からかいの対象

	フォン	山平	ダオ	
固定的属性・外見	ふんわり	若い女性	男性	タイ人
からかいの対象	腹黒い	おっさん	女の子	日本人

彼・彼女たちはメンバーからその外見や固定的属性から想起されるイメージとは異なる部分をからかわれていた。このことは何を意味しているだろうか。外見や固定的属性というのは、いわば、初対面でも明確に相手にわかるようなものである。これまでの横断的かつ実験室的な会話データでも、この属性を基準として調査者は選ばれてきたであろう。しかし、このカテゴリー付随活動から外れた活動の部分、いわゆる個性というものは、日々繰り返す会話の中で発見され、メンバー間で共有されていくものである。相手の固定的属性のカテゴリー付随活動から外れた面をからかうということは、すなわちその属性を越えた本人の個性そのものを知っている、ということの表明に他ならない。彼らはからかいによって、同じグループのメンバーの個性を理解している「わたしたち」をディスプレイしていると言えよう。

また、彼らがそのリソースとして男女というジェンダーカテゴリーだけでなく、タイ人、日本人という国籍のカテゴリーも利用していたことに注目したい。タイ人留学生の行動の中から「日本人らしさ」を抽出する作業は、彼らがその学生を「留学生」とみているのではないことを示す。そして、「わたしたちは日本人らしくない」という言動の背景には、「日本人らしさ」というものが、自分たちの実際の行動とは離れたところにある、可動性のものであるという認識が示されている。

第5節　まとめ
― 冗談関係の構築、成員カテゴリー化 ―

　本書では、まず、冗談関係構築プロセスの一端を明らかにできたのではないかと考える。フォンの冗談の最初のステップは、他のメンバーの冗談の形式をモデル、足場として利用しながら行われたものだった。また、過去の発話時点での意味とコンテクストを含みこんだ言語形式を再利用するという"tying practice"を利用しての冗談も効果的に行われていた。さらに、攻撃と解釈される危険性を含むからかいが行われたときに、それを「冗談」として受け手や他のメンバーが扱う工夫も行われていた。

　からかいの対象となる事象は、日々積み重ねられる会話の中から、本人が自己申告したものや、以前の会話で「冗談」として成功した経験があるものの中から安全なものが選ばれていた。さらに山原が、冗談を言うフォンを「腹黒い」と評価することで、（冗談を言えば言うほど）そのカテゴリーはより強固なものとなり、彼女たちが言うところの「キャラ」がグループの中で固定化していったものと考えられる。

　次に、本章では、このからかいの対象となるカテゴリーについての検討も行った。そして、からかいの対象となっていたのは、彼らの固定的属性のカテゴリー付随活動とは外れた活動であることがわかった。若い女性の「おっさん」らしさ、留学生の「日本人」らしさを指摘してからかうという行為は、その属性を越えたところにあるその人の個性そのものを知っており、そこに親しみを感じていることのディスプレイに他ならない。

　また、そのリソースとして利用されたカテゴリーに「日本人」「タイ人」という国籍カテゴリーも含まれていたことに注目したい。彼らにとって、「日本人」「タイ人」であることは、可動性の、他のカテゴリーと並んで称されるよ

うな、いわばひとつの利用可能な側面にすぎないことがここで示されたと言えよう。彼らが、からかいによって行っていたことは、同じグループのメンバーの固定的属性を越えたところにある個性に親しみを感じていることを示すことであった。

　もちろん「女性らしくない女性」「タイ人らしくないタイ人」といった表現が出てくるということは、彼らにとって「女性」「男性」といったジェンダーカテゴリーや、「日本人」「タイ人」といった国籍カテゴリーが保持されており、レリヴァントなものであることは否めない。ただ、彼らはそこから逸脱した部分を「個性」と捉えているのであろうし、その「個性」についての知識を共有しているということ、「個性」を話題として冗談を言いあうことができるということがまさしく、その集団固有のメンバーであること、つまり「仲間」であることをしていると言えよう。

第7章

結　論
― 円滑な対人関係構築に向けて ―

第1節　本書の課題と成果

1. 本書の分析課題

　本書は、留学生と日本人学生の円滑な対人関係構築についての知見をもたらすことを目標に、ある大学院研究科に属する留学生と日本人学生グループの通時的な日常会話をもとに考察を行ってきた。

　留学生と日本人学生が何者として会話に参与し、どのような関係を築いていくのかを、相互行為の「内部」から記述することを試みた。この試みには、2つの解明すべき側面があった。1つは、特定の文化や社会的文脈を貫いてある不変的な関係構築の営みを分析するということである。もう1つは、日本国内の大学院研究科における「留学生」と「日本人学生」の相互行為という特定の文脈の特徴を解明することである。

　まず、不変的な関係構築の装置を見出すという前者の側面において以下2つの課題を設定した。

1. 会話参与者の互いのフェイスにかかわるやり取りを会話分析の手法を用いて分析し、円滑な関係構築のための会話の装置を明らかにすること。
2. 成員カテゴリー化装置を用いて、特定の文脈によらず「共‐成員性」が可視化され、更新される手続きを発見すること。

　次に、留学生と日本人学生のコミュニケーション研究の領域にあたる後者の側面において以下3つの課題を設定した。

第7章 結論

3. 実験室的、あるいはセッティング場面ではなく、実際の留学生と日本人学生の通時的な日常会話という特定の文脈において、彼らが何者として会話に参与し、またどのような「共-成員性」を可視化し、更新していくのかを明らかにすることを通して、関係構築のプロセスを記述すること。
4. 3の分析を通して、留学生と日本人学生の関係構築研究、接触場面研究の領域に、新たに個別具体的な文脈や時間軸を取り入れることの重要性を指し示すこと。
5. 関係構築のプロセスを連鎖構造まで含めて明らかにする本書の知見を、日本語教育分野における会話教材開発や異文化トレーニング教材の開発に応用する方法について提言を行うこと。

　上記の課題達成のため、実際に同じ大学院研究科に在籍する留学生と日本人学生のグループを対象に、彼らの日常会話を1年間に渡って採録し、そのデータから関係構築の過程を分析することに取り組んだ。関係構築の概念としてゴッフマン（2002）の「フェイス・ワークの協力」を用いた。「フェイス」とは、他者との相互行為によって社会的に構築される自己イメージとでも言うべきものであり、この「フェイス」をお互いに円滑に保持していく過程こそが関係構築であると捉えたからである。
　分析には、会話分析と成員カテゴリー化装置（Sacks, 1972）の概念を用いた。留学生と日本人学生が日々紡いでいく日常会話そのものに、彼ら自身が作りだし、指向している秩序があるという前提に立って、その積み重ねが関係性の構築へと繋がると考えたため、日常会話という最もありふれた相互行為に、人々が用いている手続きを発見、記述、分析する研究方法である会話分析が、最も適していると判断したからである。また、成員カテゴリー化装置は、彼らが相互行為を通して「何者として」会話に参与しているのかを分析する上で、有効であると考えた。
　分析箇所の選定にあたっては、「フェイス・ワークの協力」の中でも、成員カテゴリー化に関連の深い現象を選択した。「褒めと自己卑下」「遊びとしての

対立」がそれである。「褒め」とは、相手の全人格を取り上げるのではなく、その一側面（フェイス）を取り上げて高める行為である。いっぽうの「自己卑下」も、自分の一側面（フェイス）を取り上げて低める行為である。そこに、彼らが「何者として」関係を構築しようとしているのかの鍵があると思われた。「遊びとしての対立」は、「褒め」とは対照的に、相手に悪口を言ったり批難したり、挑発的な行為を取ることによって対立を表明する行為である。しかし、それが「冗談」「遊び」として行われる限りにおいて、親密な関係作りに貢献するとされる。また、この「遊びとしての対立」が引き起こされる「からかい」は、相手をある逸脱したカテゴリーへと配置することで可能になる。

　以上の現象の通時的な分析を第4章から第6章を通して行ってきた。この分析によって、上記1〜4の課題に答えを出してきた。次項ではその分析を総括し、その結論を踏まえたうえで、5つ目の課題について提言する。続いて、第2節で今後の展望と課題について記し、第3節で結語とする。

2. 分析の総括

　第4章で、関係構築の第1歩としての新入生歓迎会場面での「自己紹介」を通した成員カテゴリー化を分析した。第5章では、「褒めと自己卑下」、第6章では「遊びとしての対立」に焦点化し、成員カテゴリー化の通時的な変化を追った。課題1から4に従って総括すると、以下のことが言える。まず、不変的な会話の装置という側面から、課題1と2についてまとめる。

> **課題1**　会話参与者の互いのフェイスにかかわるやり取りを会話分析の手法を用いて分析し、円滑な関係構築のための会話の装置を明らかにすること。

① 出会いの初期に、ニックネーム等の呼称を使用する。既存の社会的属性か

第7章 結論

ら逸脱した個性（自己卑下的なエピソード）について自己開示する（例：女性だが「おっさん」のように酒飲みである、タイ人だが、タイ料理は苦手である等）。これらの呼称、個性に関する情報は、その後の関係において対象者をからかう際などに利用可能なリソースになる。

② 褒める際に、その褒めの根拠づけを行う。このことによって、相手への知識と理解の度合いを示すことになる。

③ 相手の自己卑下に対しては、自分にも同じ側面があることを開示する。
相手の自己卑下に対して、内容に焦点化して肯定してもよい。ただし、その場合には根拠づけを行うことによって、相手への知識を示す。また、同時に相手の長所に関する褒めも行う。

④ からかいは、からかいの対象者が自己開示した内容、過去の話題で頻出していたもの、もしくは集団内で醸成されたカテゴリーを対象に行う。このことによって、フェイスの侵害を回避しながら安全にからかいを行うことができる。

⑤ からかいは、既存の社会的属性から逸脱した部分を対象に行う。このことによって、既存の属性から外れた相手の個性を理解していることのディスプレイになる。

課題2 成員カテゴリー化装置を用いて、特定の文脈によらず「共−成員性」が可視化され、更新される手続きを発見すること。

① 既存の利用可能な「共−成員性」（大学院生どうしなど）を用いて「褒め」を行う。このことによって、彼らの「共−成員性」が可視化する。

② 「共−成員性」の更新は、褒めの際にその証拠を呈示すること（相手について知りえた知識・理解を示すこと）によって可能になる。

③ からかいの際に、からかいの対象に対する評価をグループのメンバーで重ねあわせることによって、「共−成員性」の更新が可能になる。

第 1 節　本書の課題と成果

　次に、留学生と日本人学生のコミュニケーション研究の領域における知見として課題3と4について述べる。

　課題3　実験室的、あるいはセッティング場面ではなく、実際の留学生と日本人学生の通時的な日常会話という特定の文脈において、彼らが何者として会話に参与し、またどのような「共‐成員性」を可視化し、更新していくのかを明らかにすること。

① 出会いの初期の自己紹介場面で、言及する内容に個別具体的な文脈が現れていた（指導教員や専門について言及する、面白い話をする、などである。前者は、彼らが「大学院生同士である」ことにかかわるものであり、後者は、「関西」という土地柄にかかわる可能性が示唆された）。
② 自己紹介の際、日本人学生が留学生に対して、ある特定のやり方で助け舟を出していた（「形容詞」を用いた自己紹介をさせる、誤用箇所のみを繰り返す形で発話の訂正や催促を行う等）。彼らは自らの専門分野でもある「日本語教師」としてのふるまいを見せていた。
③ 褒めや自己卑下を行う際に、既存の「共‐成員性」（大学院生同士であること）が利用され、レリヴァントになっていた。
④ からかいの対象は、グループ間の話題で頻出していたもの、からかわれる当人が過去に自ら自己申告していた自己卑下的なエピソードなどから選択されていた。
⑤ からかいは、グループで行われる。その際に、「からわれる対象（のからかわれる対象となる側面）について知っている者」という「共‐成員性」が利用され、可視化される。

　課題4　3の分析を通して、留学生と日本人学生の関係構築研究、接触場面研究の領域に、新たに個別具体的な文脈や時間軸を取り入れることの重要性を指し示すこと。

第7章　結　論

① 従来、留学生と日本人学生の関係構築研究・接触場面研究では、観察された特徴を、対象者の社会文化的属性に帰して記述を行ってきた。たとえば、「褒め・自己卑下」等を分析する際に、「○○人は外見を褒める傾向がある」などの表現をする、等である。しかし、今回の分析によって、褒めの対象は、彼らの「同じ研究科の仲間である」という「共‐成員性」を利用して、選択されることが多いとわかった。

② また、「自己卑下」を肯定するか、否定するかもその対象への知識を背景として行われていた。

③ さらに、彼らの間で時間をかけて醸成されたカテゴリーがからかいの対象になることがわかった。

④ 日本人学生の留学生への接し方に、彼らの専門性が反映していることがわかった。

以上のことから、実際の留学生と日本人学生のコミュニケーションにおいては、彼らが置かれた個別具体的な文脈や、彼らの間で積み重ねられた共有経験と知識が色濃く影響していることが明らかとなった。実験室的な会話研究だけでは見えなかったこのような側面を今後の接触場面研究において、重視する必要があるだろう。

さて、第4章から第6章までの分析によって上記のことが明らかとなったが、分析課題5については、まだ取り組んでいない。以下では、上記の成果を踏まえ、本書の知見を日本語の会話教育へどのように生かすかについて提言を行いたい。

課題5　関係構築のプロセスを連鎖構造まで含めて明らかにする本書の知見を、日本語教育分野における会話教材開発や異文化トレーニング教材の開発に応用する方法について提言を行うこと。

第1節　本書の課題と成果

　本書では、留学生と日本人学生の日常会話において必ずしも「留学生」「日本人学生」であることが常にレリヴァントになっているわけではないことを示した。彼らは既存の利用可能な共‐成員性（たとえば「同じ研究科の仲間」）を利用してふるまっていたり、会話の中でさらにそのカテゴリーを更新し、「親の脛をかじる者同士」といった同じカテゴリーの担い手としてのふるまいを見せたりすることもあった。

　会話教育を考える際に、彼らにとってどんな既存の「共‐成員性」が利用可能であるのか、そこから練習するべき話題項目を見出していくことも可能になるだろう。また、「共‐成員性」の更新は、相手の固定的属性（民族、性等）から逸脱した部分を褒めることによっても可能となっていた。それは相手の個性について知っていることを示す、という手続きになっていたとも言える。そうであるならば、相手の発話そのものに関心を持ち、知識を得ることによって、それを会話の中で話題化し、関係構築に結びつけることができる。

　「日本人学生と（留学生と）何を話していいのかわからない」という声に答える鍵はここにあるのではないだろうか。何を話すべきかということは、彼らが置かれた文脈、場（たとえば、同じ大学で学ぶ学生同士であるということ）を利用することが可能であるいっぽうで、同時に、相手の発話の中や、日々積み重ねる経験の中にそのヒントが隠されているということができよう。相手に関心を持つこと、そしてそれを理解していることを示すことが関係構築の1つの手段でもある。

　それと同時に、自ら率先して相手に自分の個性を伝えることも重要だと言える。本書において、からかいの対象となっていたものの多くは、自己紹介において自己開示された個性に関する情報であった。

　いっぽうで、本書は「どのように」会話を進めるべきかという構造の観点においても貢献を果たすことができたかと思う。既に各章において詳細を論じたため、ここでは具体的内容を述べることは避けるが、こういった構造について学ぶことも、会話教育の際に有益であると言えるだろう。

　このような話すべき内容、その構造について、異文化間での相違はないのか

第7章　結　論

という疑問は当然あるだろう。もちろん、それについてはこれまで数多くの対照研究がなされており、その存在は明らかになっている。しかし、第3章において述べたように、会話分析は社会構造的、文化的、そして言語学的コンテクスト上の多様性を貫く不変性を想定している。本書で明らかにした「共‐成員性」を可視化し、更新する手段（たとえば、既存の「共‐成員性」を利用して話題を選択する、相手について知りえた情報をもとに褒めるなど）は、不変性をもった関係構築の手段なのではないかと筆者は考えている。そうであるならば、異文化間交流の場においても、留学生が既存の母語・母文化の知識を用いてふるまいうる部分が多くあるのではないだろうか。従来行われてきた対照研究と、会話分析が目指す不変性を持った構造を見出していくという研究は、どちらも日本語教育に応用可能かつ欠かせない側面と言える。このことは、日本語教育だけではなく、他の外国語教育にも同じことが言えるであろう。

 ## 第2節　今後の課題と展望

　本書は留学生と日本人学生の日常の自然会話を通時的に分析することによって、関係構築のプロセスを明らかにしてきた。しかし、これは当事者間で継続して行われた会話データ内での結果である。実生活においては、こういった会話を行う関係自体が途中で絶えてしまうことはよくある。筆者は、本書で対象としたフィールド以外にもう1ヶ所、留学生と日本人学生が混在する別の大学院研究科グループを選定していた。ところが、こちらは2、3ヶ月ほどで留学生と日本人学生の関係が絶えてしまい（つまり、自然に会話が発生する機会がなくなり、月に1回程度本調査のためにわざわざ集まる状態になってしまった）、研究の継続が不可能になってしまった。インタビューでは、彼らはその原因のいくつかについて、以下のように語っていた。

第2節　今後の課題と展望

AとB（中国人留学生）と話す時はー、なんか、えーと、話題のー背景はみんな知ってるんです。なんか、最近のこういうこういうことは。だから、ちょっと話したら、相手もわかりますし、わかってくれるし、なんか話に乗ってる、みたいな。あのー日本人と話すなら、たぶん、たとえば中国のことを話したら、相手も何もわからないし、結局、あの説明とかはするようになりますね。

（2012年2月2日　中国人女子留学生のインタビューデータより）

最初ー、4月の時はみんな、あの最初から知り合って初めてあの、なんか平等な、なんか日本人と留学生、日本人か留学生か中国人か、あのーそういうあのはっきり区別はしていなかったですね。で、あの、今はーなんか留学生コミュニティが結成された感じがする。で、日本人も研究室は3つの部分があるじゃないですか。日本人はそっちのほうに。中国人はこっちのほう。また、そっちのほうは韓国人とか、あの台湾人とか。微妙に。いつからかわかりませんけど。

（2012年2月2日　中国人女子留学生のインタビューデータより）

完全にその、どの授業を取っているかっていうのが、その前期後期の。その違いが人間関係に現れてるって言っていい感じですね。

（2012年1月31日　日本人男子学生のインタビューデータより）

　（彼らが主張する）話題背景の違い、研究室の広さや配置、選択する授業の違いなどによる接触機会、研究分野の近さなど、関係維持には複合的な要因が影響していると考えられるが、それらを詳細に調査することは叶わなかった。
　また、継続して調査を行ったグループでも、中国人男子留学生の王は、入学1ヶ月後頃から、ほとんど会話に加わることがなくなった。彼は、4月の時点から、日本人学生と、無理に友達になる必要はないといった考えについて話していた。彼は学部時代に日本国内の他の大学で過ごしていたのだが、それに

第7章 結論

よって培われた日本人のイメージがあるのだという。

<u>日本人はみんな礼儀正しくて、ある意味では礼儀正しいは、自分を確保する、自分の中身を他人に見えないように、わざと礼儀正しい</u>、というふりをする。（中略）自分を守るために、わざとその、言い回しの言葉とか、が、けどとかそれを使います。（中略）たぶん、日本学を勉強している外国人から見れば、みんなそうと思っています。（中略）なんで、日本に住んでいるのに、日本人と友達になりたくないのか。みんなそう。（中略）なぜかというと、コミュニケーションできる人はいないです。（中略）わたしがほしいのは、無意識に、無意識に私の気の中身がわかる人が友達になりたい。たぶん、今まで知った日本人は、みんな、みんななんていうか、それはでんでんむし。（中略）あれのように殻がある。それは硬いですよ。しんどい。ですから、僕も、<u>殻を持っているようなイメージです</u>、でした。前は。（中略）僕はにほー人と友達になりたくないという人間ではなくて、なれる友達がいないので、なりたくないという意味です。

(2012年4月15日　中国人男子留学生、王のインタビューより)

　彼は、自分の周囲の人間について、インタビューの中で繰り返し「日本人」「普通の日本人」という語を用いて表しており、4月のインタビューで入学以前の大学の友人関係について尋ねた際に、「日本人」は「つまらない」、「心の中で何を考えているかわからない」としていた。また、12月にインタビューを行った際にも、「日本人」との距離感は縮まっていないと答えていた。彼は4月以降、院生室にはほとんど顔を出しておらず、その原因についてアルバイトや研究が忙しいこと、わざわざ人間関係作りのために院生室に行こうとは思わない、といったことを述べていた。

　以上のことから、関係構築には、本人自身の友達を作りたいか否かといった意志や、相手に対するステレオタイプな見方、また、研究やアルバイトなどの生活面での事情が密接にかかわっていると思われるが、こういったことに関す

る深い調査はできなかった。

　今回調査を継続して行ったグループで、最後までデータ提供を行ってくれたメンバーは、比較的狭く、一同に顔を合わせることが可能となるような共同の院生研究室があり、みなで院生室運営にかかわる仕事を分担していた。また、留学生の多くが国費留学生であり、経済的な面でアルバイトが必須ではないといった環境であったことも付言しておく。こういった環境的な要因が、関係構築にプラスに働いたであろうことが推測される。

　留学生と日本人学生の関係構築に関しては、心理的要因、環境的要因が複合的に絡みあっていると思われる。彼ら自身の相互行為から関係構築を読み解いていったが、今後、この問題を考える際には、隣接する研究分野との接続が不可欠であろう。

　次に、日本語教育の観点から見た課題と展望について述べたい。

　本書の知見は、日本語の会話教育を関係構築の観点から見直す契機を提供し、円滑な関係構築のための会話の装置を明らかにした。すでに、本書の知見を会話教材に生かす試みをはじめている（今田他，2012；吉兼他，2013；藤浦他，2014）。

　従来の多くの会話教材には、依頼、謝罪などのタスクを場面に応じて適切に行うことを目的とした課題遂行型のものが多かったのに対して、筆者らが作成を目指す会話教材は、ある程度日本語力が身についていながらも、日常会話への参加に困難さを感じがちな中上級日本語学習者をターゲットとして、留学生と日本人学生の円滑な対人関係構築を目的とし、自分らしさやアイデンティティを発揮しながら日常会話に従事できるような構成となっており、この分野に新たな視点をもたらすものと言える。

　会話分析の知見をもとに作成された他の会話教材としては、2012年に岩田・初鹿野らの『にほんご会話上手！』（アスク出版）が発表されている。同著では、会話分析が多くの言語に共通する構造や特徴を発見してきたことを踏まえ、学習者自身の母語の知識をリソースとして活用することが可能であるとしている。留学生が自律的に日常会話に参加することを可能にする会話分析を生

第7章 結　論

かした日本語会話教育は、今後大きな発展が望める分野である。もちろん、本書で明らかにした会話の装置は一部にすぎず、今後、引き続き円滑な対人関係構築のための会話の装置を明らかにしていく必要がある。また、こういった関係構築のための会話教育を、従来の会話教育との関係性のなかで、どう位置づけ、体系化していくかという課題も残されている。

　最後に、会話分析の観点から見た課題と展望について述べたい。

　本書では、未だ多くの課題が残されている成員カテゴリー化について、褒めと自己卑下、遊びとしての対立といった現象、連鎖構造の中で論じた。しかし、言語形式にまで落とし込んだ丁寧な記述には及ばなかった。今後より会話データを増やした分析を行い精査していく必要があるだろう。また、会話データの中で関係性の変化を示すことを目的としたが、会話参与者たち自身がカテゴリーの変化に言及し、指向しているデータ（たとえば、フォンを「かわいい女子学生」から「腹黒い女子学生」として扱い始めるデータ等）を収録することが叶わず、関係性の変化をひとつのデータの中で十分に示すことができなかった。そのため、通時的に収録した複数の会話データを比較することでその変化の分析を行った。今後の課題として、参与者たちが成員カテゴリーの変化に指向しているデータを収録し、それについて分析することが挙げられる。

第3節　終わりに

　本書は、留学生と日本人学生の円滑な対人関係構築についての知見をもたらすことを目標に、ある大学院研究科に属する留学生と日本人学生グループの通時的な日常会話を分析してきた。

　円滑な関係構築をもたらす会話の装置は、たとえば、相手と自分との間で共通する話題を選択する、自分の個性について自己開示する、相手について関心を持ち、相手について知りえた情報を会話の中に示す、といったごく基本的な

第3節　終わりに

ことであった。これらのことは、留学生と日本人学生間だけでなく、どのような相手との会話においても（たとえば、日本人どうしの会話であっても）重要なことなのではないだろうか。

　異文化間コミュニケーションの際には、まず、外国人であることを理由に身構えることなく、向かいあう相手自身に関心を持って会話を進めていくことが重要だと言える。本書の調査対象となった協力者たちの会話は、それぞれの個性を会話の端々から感じることができ、聞きながら思わず何度も笑い出してしまうような楽しさに溢れていた。本書が留学生と日本人学生たちの円滑な関係構築に貢献し、多くの人にこのような楽しい会話の機会を持ってもらう1つのきっかけを提供することができれば幸甚である。

あとがき

　これまで、大阪大学大学院言語文化研究科言語文化専攻の先生方に、さまざまな面でご指導をいただきました。先生方には感謝の思いでいっぱいです。
　主指導教員である沖田知子先生には、面談を重ねるなかで多くの有益なご助言をいただきました。研究の継続について不安を抱いていた時期に、先生に優しさに溢れた叱咤激励をいただいたからこそ、博士論文を書き上げることができたのだと感謝しております。その後も博士論文を出版して世に問うべきであると勧めてくださったことが出版への大きな原動力となりました。副指導教員である佐藤彰先生には、議論を通して有益なコメントを多々いただきました。先生のティーチングアシスタントを務めさせていただく中で、データの見方や研究生活の進め方について多くのことを学ばせていただきました。折に触れていただいた励ましのおかげで、博士論文を書き上げることができたのだと思っています。三牧陽子先生には、3年間大変お世話になりました。ゼミや個人面談を通して、研究を進めていくうえでの貴重なヒントをいくつもいただきました。また、研究面のみならず、学生との接し方、議論の進め方など、先生から教わったことは数えきれません。そして常に笑顔で暖かく細やかな配慮をいただいたことを忘れることはできません。博士論文執筆過程において道しるべとなってくださったことに深く感謝申し上げます。西口光一先生には、ゼミでの議論を通していくつもの貴重なご意見を賜りました。言語教育に関する刺激に満ちた議論は、論文を書き進める上での活力となりました。山下仁先生には、博士論文執筆の最終段階において悩んでいた時期に、示唆に満ちたコメントをいただきました。そのおかげでもう一度新しい観点から博士論文を仕上げる勇気が湧きました。古川敏明先生（現　大妻女子大学）には、ご多忙の折にも快く相談に応じていただきました。会話分析の観点からデータを見ていただき、多くの貴重な気づきを得ることができました。また、岡田悠佑先生に書き上げた論文を面白いと言っていただけたことが、出版にあたっての励みになりまし

た。私が大阪大学大学院言語文化研究科言語文化専攻において研究を続けることができたのは、多様な学生の個性を認めてくださるおおらかな研究科の土壌と、優しく、時に厳しくご指導くださった先生方のおかげと思っております。本当にありがとうございました。

日本語教育と会話分析との結びつきや、雑談への深い興味と関心は、大阪大学大学院言語文化研究科言語社会専攻、博士前期課程時代に筒井佐代先生から受けたご指導が土台となっております。修了後も変わらず相談にのってくださった先生に感謝申し上げます。

会話分析について深く学ぶ機会を与えてくださったのは、大阪教育大学の串田秀也先生です。会話分析初級者のための授業やセミナーで、緻密な分析の方法と、会話分析の楽しさを実践的に学ばせていただくことができました。

会話分析研究会では、関西学院大学の森本郁代先生、イリノイ大学の林誠先生を始め、平本毅さん、増田将伸さん、戸江哲理さん、横森大輔さん、城綾美さん、牧野由紀子さん、西村由美さん、伊藤翼斗さん、張承姫さん、山本真理さん、安井永子さん、仲田陽子さんといった先輩方、仲間たちに会話データの見方や、研究の基本について多くのことを教えていただきました。そして、常に暖かく励ましていただきました。博士前期課程に入学した当初は会話分析について何一つ知らなかった私が、会話分析を博士論文の分析手法として用いようと決め、進んでこられたのはみなさんのおかげです。

本書を書き進めていく上での動機の1つとなったのは、会話分析の知見を日本語教育に生かしたいという思いでした。その先駆者として、目標となってくださった初鹿野阿れ先生、岩田夏穂先生に感謝申し上げます。また、会話分析を生かした日本語会話教材研究会（CAT）のメンバーである高井美穂さん、吉兼奈津子さん、藤浦五月さん、田中真衣さんとの議論のおかげで、日本語教育的な観点から会話データを見ることの重要性を忘れずにいることができました。

本書のデータは、関西圏のある大学院研究科で収録させていただいたものです。1年間に渡る皆様のご協力のおかげで本書における議論が可能となりました。また、データから浮かび上がる暖かい人間関係の模様が、研究を継続していくうえでの励みとなりました。お名前を挙げることはできませんが、心から深く感謝申し上げます。

あとがき

　そして、日本語教育に携わる中で出会った多くの留学生たちに感謝しています。この研究は、留学生たちとの会話の中から生まれてきました。そして、彼らの声は、研究に行き詰まるたびに立ち返る原点となりました。
　論文執筆にあたっては、多くの先輩方、友人たちに助けていただきました。ゼミで貴重なアドバイスをくださった、谷智子さん、田鴻儒さん、李娜さん、大塚生子さん、甲斐朋子さんをはじめとするみなさん、本当にありがとうございました。
　同じパソコン室で論文を書いていた友人たちからも多くの力を得ることができました。呉沛珊さん、山岡華菜子さん、立川真紀絵さん、岸本聖子さんをはじめとするみなさんには、執筆に行き詰った時、いつも励ましていただきました。
　そして、いつも暖かく見守ってくれた家族に心から感謝します。社会人生活を経て、研究の道を志すという私の選択を、心配しながらもいつも応援してくれました。家族の精神的な支えがなければ、本書を完成させることはできませんでした。
　最後に、本書の出版を大阪大学出版会がお引き受けくださり、川上展代さんが適切なアドバイスとともに導いてくださったことに感謝申し上げます。
　本書を書き終えるにあたり、研究に迷った時に友人がかけてくれた言葉を思い出しています。「研究は、1人で進めるものではない」。本当にその通りでした。多くの方々のご協力と支えがあって、本書を執筆することができました。皆様に心からお礼申し上げます。ありがとうございました。

2014年11月
今田　恵美

＊本書は、大阪大学大学院言語文化研究科に提出した博士論文「成員カテゴリー化の観点から見た関係構築プロセス―留学生と日本人学生の通時的な日常会話データをもとに―」をもとに加筆修正を行ったものである。

＊また、本書の出版に際しては、日本学術振興会平成26年度科学研究費補助金（研究成果公開促進費）の交付を受けている。

初出一覧

第2章第2節・第3章第1節
　今田恵美（2010）．接触場面の初対面会話におけるカテゴリー化―留学生と日本人学生の「共通経験の語り合い」に注目して―　大阪大学大学院言語文化研究科修士論文．

第4章
　今田恵美（2012）．留学生と日本人学生の関係形成の様相―歓迎会における自己紹介場面データをもとに―　大阪大学言語文化学，**21**，3-15．

なお、本書の執筆にあたり加筆修正を施した。

参考文献

秋葉正輝（2000）．"自己紹介"の社会学的分析　日本教育社会学会大会発表要旨集録, **52**, 38-39.
Alberts, J. K.（1992）. An Inferential/ Strategic Explanation for the Social Organization of Teases. *Journal of Language and Social Psychology*, **11**(3), 153-177.
Bateson, G.（1972）. *Steps to an Ecology of Mind*. Chicago: The University of Chicago Press.
Barnlund, D. C.（1975）. *Public and Private Self in Japan and the United States*. Tokyo: Simul.
Berg, J. H., & Clark, M. S.（1986）. Chapter6: Differences in Social Exchange between Intimate and Other Relationships: Gradually Evolving or Quickly Apparent? In Derlega V., & Winstead B.（Eds.）, *Friendship and social interaction*. pp. 101-128. NY: Springer Verlag.
Bergmann, J. R.（1993）. *DISCREET INDISCRETIONS: The Social Organization of Gossip*. New York: Walter de Gruyter.
Billig, M.（1999a）. Whose terms? whose ordinariness?: rhetoric and ideology in conversation analysis. *Discourse & Society*, **10**(4), 543-558.
Billig, M.（1999b）. Conversation analysis and the claims of naivete. *Discourse & Society*, **10**(4), 572-576.
Brown, P. & Levinson, S. C.（1987）. *Politeness: Some Universals in Language Usage*. Cambridge: Cambridge University Press.（田中典子監訳（2011）．ポライトネス―言語使用におけるある普遍現象―　研究社）
Brown, J. & Rogers, E.（1991）. Openness, Uncertainty, and Intimacy: An Epistemological Reformulation. In N. Coupland, H. Giles, & J. Wiemann（Eds.）*Miscommunication and Problematic Talk*. pp. 146-165. London: Sage.
Button, G. & Casey, N.（1984）. Generating topic: the use of topic initial elicitors. In J. M. Atkinson & J. Heritage（Eds.）, *Structures of Social Action: Studies in Conversation Analysis*. pp. 167-190. Cambridge: Cambridge University Press.
Button, G. & Casey, N.（1985）. Topic nomination and topic pursuit. *Human Studies*, **9**, 3-55.
張瑜珊（2007）．初対面会話における対人関係構築プロセスの研究概観―会話データからの研究を中心に―　第二言語習得・教育の研究最前線　2007年版　お茶の水女子大学日本言語文化学研究会　pp. 96-116.
張承姫（2011）．初対面における日韓ほめについての対照研究―会話分析によるアプローチ　関西学院大学大学院修士論文
独立行政法人日本学生支援機構（2012）．平成23年度外国人留学生在籍状況調査について―留学生受け入れの概況―　参照（http://www.jasso.go.jp/kouhou/press/press120120.html）

205

2012年5月13日アクセス

Drew, P.（1987）. Po-faced receipts of teases. *Linguistics*, **25**(1), 219-253.

Drew, P. & Heritage, J.（Eds.）（1992）. *Talk at Work*. Cambridge: Cambridge University Press.

Drew, P.（1998）. Complaints about Transgressions and Misconduct. *Research on Language and Social Interaction*, **31**(3/4), 295-325.

遠藤由美（2007）. 役割と社会的スキルがからかい認知に及ぼす影響　関西大学社会学部紀要, **38**(3), 119-131.

藤浦五月（2011）. 多人数接触場面における社会的相互行為の諸相―参与における連携に注目して―　大阪大学大学院言語文化研究科博士学位論文

藤浦五月・田中真衣・今田恵美・高井美穂・吉兼奈津子・岩田夏穂・初鹿野阿れ（2014）. 第32回研究大会ワークショップ　日本語教育に生かす会話分析の可能性―日常的なやりとりに注目して―　社会言語科学, **16**(2), 106-111

Ginsberg, D., Gottman, J. & Parker, J.（1986）. The Importance of Friendship. In J. Gottman & J. Parker（Eds.）, *Conversation of Friends: Speculations on Affective Development*. pp. 3-48. Cambridge: Cambridge University Press.

Garfinkel, H.（1964）. Studies of the routine grounds of everyday activities. *Social Problems*, 11(3), 225-250.（北澤裕・西阪仰訳　日常活動の基盤―当たり前を見る―, 北澤裕・西阪仰編訳（1989）. 日常性の解剖学, マルジュ社, pp. 31-92.）

Goffman, E.（1959）. *The Presentation of Self in Everyday life*. NY: Doubleday.

Goffman, E.（1967）. *Interaction Ritual: Essays in Face to Face Behavior*. Garden City, NY: Doubleday.（浅野敏夫訳（2002）儀礼としての相互行為―対面行動の社会学―　法政大学出版局）

Golato, A.（2005）. *Compliments and compliment responses: grammatical structure and sequential organization*. Amsterdam; Philadelphia: J. Benjamins.

Goodwin, C. & Goodwin, M. H.（1987）. Concurrent Operations on Talk: Notes on the Interactive Organization of Assessments. *IPRA Papers in Pragmatics*, **1**, 1-54.

Goodwin, C. & Goodwin, M. H.（1992）. Assessments and the Construction of Context. In A. Duranti & C. Goodwin（Eds.）, *Rethinking Context: Language as an Interpretive Phenomenon*. pp. 147-190. Cambridge: Cambridge University Press.

Hadden, S. & Lester, M.（1978）. Talking Identity: The Production of "Self" In Interaction. *Human Studies*, **1**, 331-356.

Heritage, J.（2005）. The Terms of Agreement: Indexing Epistemic Authority and Subordination in Talk-in-Interaction. *Social Psychology Quarterly*, **68**(1), 15-38.

初鹿野阿れ・岩田夏穂（2008）. 選ばれていない参加者が発話するとき―もう一人の参加者について言及すること―　社会言語科学, **10**(2), 121-134.

Hanami, M.（2004）. Students and International Students: Exploring Differences and Fostering

Intimacy. 三重大学留学生センター紀要，**6**，11-29.
葉山大地・櫻井茂雄（2008）．過激な冗談の親和的意図が伝わるという期待の形成プロセスの研究　教育心理学研究，**56**，523-553.
葉山大地・櫻井茂雄（2010）．友人関係初期における冗談関係の認知の役割　筑波大学心理学研究，**40**，35-41.
Hayashi, M.（2003）. *Joint Utterance Construction in Japanese Conversation.* Amsterdam; Philadelphia: John Benjamins.
林宅男（編）（2008）．談話分析のアプローチ―理論と実践―　研究社
Heritage, J. & Raymond, G.（2005）. The Terms of Agreement: Indexing Epistemic Authority and Subordination in Talk-in-interaction. *Social psychology Quarterly*, **68**(1), 15-38.
一二三朋子（2006）．異文化の友人・自他文化評価・自他の行動に関する信念が意識的配慮に与える影響．アジア系留学生及び日本人学生の場合　筑波大学地域研究，**26**，27-44.
樋口斉子（1997）．初対面会話での話題の展開　西郡仁朗（代表）日本人の談話行動のスクリプト・ストラテジーの研究とマルチメディア教材の試作　pp. 75-93．平成7年度～平成8年度　文部省科学研究費-基盤研究（C）（2）研究成果報告書　（課題番号07680312）
平澤真由美・南峰夫（2011）．信州大学農学部における国際交流の現状と課題―2010年2月パネル・ディスカッションから―　信州大学農学部紀要，**47**(1-2)，69-77.
Holmes, J.（1995）. *Women, Men, and Politeness.* London: Longman.
堀口純子（1997）．日本語教育と会話分析　くろしお出版
伊集院郁子（2004）．母語話者による場面に応じたスピーチスタイルの使い分け―母語場面と接触場面の相違―　社会言語科学，**6**(2)，12-26.
池田真希子（2008）．「ほめ」に関する研究―日本語学習者のほめの返答―　東京女子大学言語文化研究，**17**，1-15
今田恵美（2010）．接触場面の初対面会話におけるカテゴリー化―留学生と日本人学生の「共通経験の語り合い」に注目して―　大阪大学大学院言語文化研究科修士論文
今田恵美（2012）．留学生と日本人学生の関係形成の様相―歓迎会における自己紹介場面データをもとに―　大阪大学言語文化学，**21**，3-15.
今田恵美・高井美穂・吉兼奈津子・藤浦五月（2012）．基本情報交換期以降の話題展開―出会いから始まる会話教材に向けて―　日本語教育方法研究会誌，**19**(1)，52-53.
岩田夏穂（2005）．日本語学習者と母語話者の会話参加における変化―非対称的参加から対称的参加へ―　世界の日本語教育，**15**，135-151.
岩田夏穂・初鹿野阿れ（2012）にほんご会話上手！―聞き上手・話上手になるコミュニケーションのコツ15―　アスク出版
ジャロンウィットカジョーン, ウィパー・加藤好崇（2010）．タイ人日本語学習者―日本語母語話者の初対面接触場面における話題選択　東海大学紀要，**30**，17-28.
Jefferson, G.（1984）. On the Organization of Laughter in Talk about Troubles. In J. M. Atkinson & J.

Heritage (Eds.), *Structures of Social Action*. pp. 351-367. Cambridge: Cambridge University Press.

Jefferson, G. (1985). On the Interactional Unpackaging of a "gloss". *Language in Society*, **14**, 435-466.

Jefferson, G., Sacks, H. & Schegloff, E. A. (1987). Notes on laughter in the pursuit of intimacy. In G. Button & J. R. E. Lee (Eds.), *Talk and Social Organization*, pp. 152-205. Cleavedon; Philadelphia: Multilingual Matters.

Jefferson, G. (2004). Glossary of Transcript Symbols with an Introduction. In G. H. Lerner (Ed.), *Conversation analysis: Studies from the first generation*. pp. 152-205. Philadelphia: John Benjamins.

全鐘美(2008).初対面の相手に対する自己開示について―日本語母語話者・韓国語母語話者・韓国人日本語学習者を対象に― 日本語教育学世界大会2008第7回日本語教育国際研究大会予稿集1,132-135.

全鍾美(2010).初対面の相手に対する自己開示の日韓対象研究 社会言語科学,**13**(1),123-135.

鎌田修・ボイクマン総子・冨山佳子・山本真知子(2012).生きた素材で学ぶ新・中級から上級への日本語 ジャパンタイムズ

菊岡由夏(2004).第二言語の教室における相互行為―"favourite phrase の使いまわし"という現象を通して― 日本語教育,**122**,32-41.

金庚芬(2002).「ほめに対する応答」の日韓対照研究 大学院博士後期課程論集:言語・地域文化研究,**8**,179-196.

金庚芬(2005).会話に見られる「ほめ」の対象に関する日韓対照分析 日本語教育,**124**,13-22.

金庚芬(2007).日本語と韓国語の「ほめの談話」社会言語科学,**10**(1),18-32.

金庚芬(2010).日本語と韓国語の『ほめ』における男女差 明星大学研究紀要―人文学部―,**46**,83-94.

北澤裕・西阪仰編訳(1989).日常性の解剖学 マルジュ社

Knapp, M. L. (1978). *Social Intercourse: From Greeting to Goodbye*. Boston: Allyn & Bacon.

高民定(2003).接触場面におけるカテゴリー化と権力 宮崎里司/ヘレン・マリオット(編) 接触場面と日本語教育―ネウストプニーのインパクト― 明治書院 pp.59-68.

小玉安恵(1993).ほめ言葉にみる日米の社会文化的価値観―外見のトピックを中心に― 言語文化と日本語教育,**6**,23-35.

小池浩子(2000).「ほめ」への返答に関する副次文化的比較―対人関係別、性別、世代間― 信州大学教育学部紀要,**100**,47-55.

コーサティアンウォン・サーヤン(2010).「ほめ」及び「ほめに対する返答」の日タイ対照研究 大阪大学大学院言語文化研究科博士学位論文

串田秀也(2001).私は‐私は連鎖―経験の「分かち合い」と共‐成員性の可視化 社会学評論, **52**(2), 36-54.

串田秀也(2002).統語的単位の開放性と参与の組織化(1)―引き取りのシークエンス環境― 大阪教育大学紀要第二部門, **50**(2), 37-64.

串田秀也(2006).相互行為秩序と会話分析―「話し手」と「共‐成員性」をめぐる参加の組織化― 世界思想社

串田秀也(2009).聴き手による語りの進行促進―継続支持・継続催促・継続試行― 認知科学, **16**(1), 12-23.

串田秀也・好井裕明(2010).エスノメソドロジーへの招待 串田秀也・好井裕明(編)エスノメソドロジーを学ぶ人のために 世界思想社 pp.1-14.

串田秀也(2010).サックスと会話分析の展開 串田秀也・好井裕明(編)エスノメソドロジーを学ぶ人のために 世界思想社 pp.204-224.

Lerner, G. H. (1996). Finding "Face" in the Preference Structures of Talk-in-interaction. *Social Psychology Quarterly,* 59(4), 303-321.

Levinson, S. C. (1983). *Pragmatics.* Cambridge: Cambridge University Press.(安井稔・奥田夏子訳(1990).英語語用論 研究社.)

Linell, P. (1990). *Approaching dialogue.* Amsterdam: John Benjamin Publishing Company.

Linell, P. & Luckmann, T. (1991). Asymmetries in dialogue: some conceptual preliminalies, In I. Markova & K. Foppa (Eds.), *Asymmetries in Dialogue.* pp.1-20. New York: Harvester Wheatsheaf.

李麗燕(2000).日本語母語話者の雑談における「物語」の研究―会話管理の観点から― くろしお出版

前田泰樹・水川善文・岡田光弘編(2007).エスノメソドロジー―人びとの実践から学ぶ― 新曜社

牧亮太(2008).からかい行動(teasing)に関する研究の動向と課題 広島大学大学院教育学研究科紀要 第三部, **57**, 269-276.

Martin, R. A. (2007). *The Psychology of Humor: Integrative approach.* London: Elsevier Academic Press.

Maynard, D. W. & Zimmerman, D. H. (1984). Topical Talk, Ritual and the Social Organization of Relationships, *Social Psychology Quarterly,* **47**, 301-316.

三牧陽子(1999).初対面会話における話題選択スキーマとストラテジー―大学生会話の分析― 日本語教育, **103**, 49-58.

水島梨沙(2006).日常会話における『からかい表現』のフレーム分析 ヒューマン・コミュニケーション研究, **34**, 53-72.

文部科学省(2008).平成20年度の報道発表 ―「留学生30万人計画」骨子の策定について― 参照(http://www.mext.go.jp/b_menu/houdou/20/07/08080109.htm) 2015年2月3日

アクセス
森本郁代（2001）．地域日本語教育の批判的再検討―ボランティアの語りに見られるカテゴリー化を通して―　野呂香代子・山下仁（編）「正しさ」への問い―批判的社会言語学の試み　三元社　pp. 215-247.
森本郁代（2004）．成員カテゴリー化の観点から見た社会的相互行為の諸相―多人数会話における話者交替を中心に―　大阪大学大学院言語文化研究科博士学位論文
中村和生・樫田美雄（2004）．〈助言者‐相談者〉という装置　社会学評論，**55**(2)，80-97.
中村和生（2006）．成員カテゴリー化装置とシークエンスの組織化　年報社会学論集，**19**，25-36.
中山晶子（2003）．親しさのコミュニケーション　くろしお出版
Nakayama, A. (2008). *The Communication of Closeness in Japanese*. Tokyo: Kurosio Publishers.
ネウストプニー，J. V.（1981）．外国人場面の研究と日本語教育　日本語教育，**45**，30-40.
日本経済新聞 web 刊（2012）秋入学、東大など 12 大学が初会合　懇話会が発足（2012 年 5 月 8 日記事）参照（http://www.nikkei.com/news/category/article/g=96958A9C889DE6E3E3E1EBE6E0E2E2EAE2E7E0E2E3E09180EAE2E2;at=DGXZZO0195592008122009000000）2012 年 5 月 13 日アクセス
西田司・西田ひろ子・津田幸男・水田園子（1989）．国際人間関係論　聖文社
西阪仰（1995）．成員カテゴリー　言語，**24**(11)，105-109.
西阪仰（1997）．相互行為分析という視点―文化と心の社会学的記述―　金子書房
西阪仰（2005）．想像の空間―会話のなかの演技―　研究所年報，**35**，75-87.
西阪仰・串田秀也・熊谷智子（2008）．特集「相互行為における言語使用：会話データを用いた研究」について　社会言語科学，**10**(2)，13-15.
荻原稚佳子・増田眞佐子・齊藤眞理子・伊藤とく美（2005）．日本語上級話者への道―きちんと伝える技術と表現―　スリーエーネットワーク
岡本佐智子（2006）．日本人の自己紹介における自己開示　北海道文教大学論集，**7**，51-63.
大平未央子（2001）．ネイティブスピーカー再考　野呂香代子・山下仁（編）「正しさ」への問い―批判的社会言語学の試み　三元社，pp. 85-110.
大津友美（2004）．親しい友人同士の会話におけるポジティブ・ポライトネス―「遊び」としての対立行動に注目して―　社会言語科学，**6**(2)，43-53.
大津友美（2007）．会話における冗談のコミュニケーション特徴―スタイルシフトによる冗談の場合―　社会言語科学，**10**(1)，45-55.
Pomerantz, A. (1978). Compliment Responses: Notes on the Co-operation of Multiple Constraints. In J. Schenkein (Ed.), *Studies in the Organization of Conversational Interaction*. pp. 79-112. New York: Academic Press.
Pomerantz, A. (1984). Agreeing and Disagreeing with Assessments: Some Features of Preferred/Dispreferred Turn Shapes, In J. M. Atkinson & J. Heritage (Eds.), *Structures of Social Action:*

Studies in Conversation Analysis. pp. 57-101. Cambridge: Cambridge University Press.

Psathas, G.（1995）. *Conversation Analysis : The Study of Talk-in-Interaction.* Sage Publications.（北澤裕・小松栄一訳（1998）．会話分析の手法　マルジュ社）

Psathas, G.（1999）Studying the Organization in Action : Membership Categorization and Interaction Analysis. *Human Studies*, **22**, 139-162.（前田泰樹訳（2000）．行為における組織を研究すること―成員カテゴリー化と相互行為分析「文化と社会」編集委員会（著）文化と社会第2号　マルジュ社　pp. 37-73.）

Radcliffe-Brown, A. R.（1952）. *Structure and Function in Primitive Society.* London : Cohen & West.

Sacks, H.（1972）. An Initial Investigation of the Usability of Conversational Data for Doing Sociology, In D. Sudnow（Ed.）, *Studies in Social Action.* pp. 31-73. note, pp. 430-431. The Free Press.（北澤裕・西阪仰訳　会話データーの利用法―会話分析事始め―，北澤裕・西阪仰編訳（1989）．日常性の解剖学，マルジュ社，pp. 93-173.）

Sacks, H.（1992）. *Lectures on Conversation*, 2 vols. Cambridge : Blackwell.

Sacks, H., Schegloff, E. A. & Jefferson, G.（1974）. A Simplest Systematics for the Organization of Turn-taking for Conversation. *Language*, **50**, 696-735.

Sacks, H. and Schegloff, E. A.（1979）. Two Preferences in the Organization of Reference to Persons in Conversation and Their Interaction. In G. Psathas（Ed.）, *Everyday Language : Studies in Ethnomethodology.* pp. 15-21. New York : Irvington.

斎藤みちる・徐愛紅・多田美由紀・大浜るい子（1997）．談話分析から見た異文化コミュニケーション―日本人の言語行動を中心に―　広島大学日本語教育学科紀要，**7**，185-193.

佐藤友則（2010）．第4回　信州大学の留学生のニーズ調査―2008年11・12月調査において―　信州大学留学生センター電子紀要　http://www.shinshu-u.ac.jp/institution/suic/upload/pdf/publications/ekiyou_1.pdf

サウクエン・ファン（2006）．接触場面のタイポロジーと接触場面研究の課題　国立国語研究所（編）日本語教育の新たな文脈―学習環境、接触場面、コミュニケーションの多様性　アルク　pp. 120-141.

Schegloff, E. A. & Sacks, H.（1973）. Opening up Closings, *Semiotica*, **7**, 289-327.（北澤裕・西阪仰訳　会話はどのように終了されるのか，北澤裕・西阪仰編訳（1989）日常性の解剖学　マルジュ社　pp. 175-241.）

Schegloff, E. A.（1979）. Two preferences in the Organization of Reference to Persons and Their Interaction. In G. Psathas（Ed.）, *Everyday Language : Studies in Ethnomethodology.* pp. 15-21. New York : Irvington Publishers.

Schegloff, E. A.（1987）. Between macro and micro : contexts and other connections. In J. Alexander et al.（Eds.）, *The Micro-Macro Link.* pp. 207-234. Berkeley : University of California Press.（石井幸夫訳（1998）ミクロとマクロの間―コンテクスト概念による接続策とその他の接続策―　石井幸夫他訳　ミクロ―マクロ・リンクの社会理論　新泉社　pp. 139-178）

Schegloff, E. A. (1991). Reflections on Talk and Social Structure. In D. Boden & R. Simmerman (Eds.), *Talk and social structure*, p. 44-70. Los Angeles, CA: University of California at Los Angeles Press.
Schegloff, E. A. (1997). Whose text? whose context?. *Discourse & Society*, **8**(2), 165-187.
Schegloff, E. A. (1998). Reply to Wetherell. *Discourse & Society*, **9**(3), 457-460.
Schegloff, E. A. (1999). Schegloff's texts' as Billig's data: a critical reply. *Discourse & Society*, **10**(4), 457-460.
Schegloff, E. A. (2007a). *Sequence Organization in Interaction: A Primer in Conversation Analysis* Ⅰ, Cambridge, Cambridge University Press.
Schegloff, E. A. (2007b). A tutorial on membership categorization. *Journal of Pragmatics*, **39**, 462-482.
Schegloff, E. A. (2007c). Categories in action: person-reference and membership categorization. *Discourse Studies*, **9**(4), 433-461.
Schutz, A. (1970). *Reflections on the Problem of Relevance*, edited, annotated, and with an Introduction by Richard M. Z., Yale University Press. (那須壽他訳（1996）．生活世界の構成―レリヴァンスの現象学― マルジュ社)
瀬田幸人・木田祥恵（2008）．積極的ポライトネスにおける「ほめる」行為―ジェンダーの視点から― 岡山大学教育学部研究集録，**137**，103-114.
杉原由美（2010）．日本語学習のエスノメソドロジー――言語的共生化の過程分析― 勁草書房
スリーエーネットワーク（2012）．みんなの日本語初級Ⅰ 第2版本冊 スリーエーネットワーク
Svennevig, J. (1999). *Getting Acquainted in Conversation: A Study of Initial Interactions,* Amsterdam: John Benjamins Publishing Company.
Tanaka, H. (1999). *Turn-Taking in Japanese Conversation: A Study in Grammar and Interaction.* Amsterdam/Philadelphia: John Benjamins.
田中耕一（2004）．認知主義の陥穽―会話分析と言説分析― 関西学院大学社会学部紀要，**96**，121-136
田中共子・藤原武弘（1992）．在日留学生の対人行動上の困難―異文化適応を促進するための日本のソーシャル・スキルの検討 社会心理学研究，**7**(2)，92-101.
湯玉梅（2004）．在日中国人留学生の異文化適応過程に関する研究―対人行動上の困難の観点から― 国際文化研究紀要，**10**，293-327.
Taylor, D. & Altman, I. (1987). Communication in Interpersonal Relationships. Social Penetration Processes. In M. E. Roloff & G. R. Miller (Eds.), *Interpersonal Processes: New Directions in Communication Research.* pp. 257-277. London: Sage.
徳井厚子・桝本智子（2006）．対人関係構築のためのコミュニケーション入門―日本語教師のために― ひつじ書房

筒井佐代（2012）．雑談の構造分析　くろしお出版

Watson, R.（1997）. Some General Reflection on 'Categorization' and 'Sequence in the Analysis of Conversation. In S. Hester & P. Eglin（Eds.）, *Culture in Action: Studies in Membership Categorization Analysis.* pp. 49-75. Washington, D. C.: University Press of America.

Wetherell, M.（1998）. Positioning and interpretive repertoires: conversation analysis and post-structuralism in dialogue. *Discourse & Society*, **9**, 387-412.

Wolfson, N.（1983）. An empirically based analysis of complimenting in American English. In N. Wolfson & E. Judd（Eds.）, *Sociolinguistics and Second Language Acquisition.* pp. 82-95. Rowley, MA: Newbury House.

山中一英（1998）．大学生の友人関係の親密化過程に関する事例分析的研究　社会心理学研究，**13**(2)，93-102.

山崎敬一編（2004）．実践エスノメソドロジー入門　有斐閣

楊虹（2005）．初対面会話における日本語母語話者の話題転換ストラテジー――接触場面と母語場面の比較―　社会言語科学会研究会第 16 回大会発表論文集，66-69.

矢田部圭介（2002）．二つの〈レリヴァンス〉―シュッツとエスノメソドロジー研究―　ソシオロジスト：武蔵社会学論集，**4**(1)，97-124.

横田雅弘（1991）．自己開示から見た留学生と日本人学生の友人関係　一橋論叢，**105**(5)，629-647.

好井裕明（1999）．制度的状況の会話分析　好井裕明・山田富秋・西阪仰（編）会話分析への招待　世界思想社　pp. 36-70.

吉兼奈津子・藤浦五月・田中真衣・今田恵美・高井美穂（2013）互いの共感を生む不安・不満の語られ方　日本語教育方法研究会誌，**20**(1)，2-3

吉川友子（2001）．「異文化間交流」の実際―滞日留学生と日本人の相互行為から―　野呂香代子・山下仁（編）「正しさ」への問い―批判的社会言語学の試み　三元社　pp. 183-213.

Zimmerman, D. H., & West, C.（1975）. Sex Roles, Interruptions, and Silences in Conversation, In B. Thorne & N. Henley（Eds.）, *Language and Sex: Difference and Dominance.* pp. 105-129. Rowley, Mass.: Newbury House.

Zimmerman, D. H.（1998）. Identity, Context and Interaction. In C. Antaki & S. Widdicombe（Eds.）, *Identities in Talk*, pp. 87-106. London: Sage Publications.

人名索引

A-Z

Barnlund, D. C.　72
Bateson, G.　148-149
Berg, J. H., & Clark, M. S.　72
Brown, P. & Levinson, S. C.　26, 76-78, 127, 147
Drew, P.　48, 59, 60, 127
Ginsberg, D., Gottman, J. & Parker, J.　17, 19
Garfinkel, H.　41
Goffman, E.　6, 15-17, 73, 77, 89, 111, 147, 188
Golato, A.　115, 116
Hadden, S. & Lester, M.　73
Jefferson, G.　8, 41, 44, 45, 59, 179, 181
Knapp, M. L.　14
Lerner, G. H.　58, 59, 115
Levinson, S. C.　50
Maynard, D. W. & Zimmerman, D. H.　30, 35, 160
Pomerantz, A.　8, 48, 59, 114, 115, 139
Psathas, G.　42, 56-58
Radcliffe-Brown, A. R.　10, 148
Sacks, H.　6, 8, 25, 28, 31-33, 41-43, 45, 47, 48, 54-59, 73, 75, 86, 188
Schegloff, E. A.　7, 8, 41, 43, 45, 47, 48, 51-53, 59
Schutz, A.　94-96
Svennevig, J.　8, 13, 15, 17-22, 24
Taylor, D. & Altman, I.　8, 13
Zimmerman, D. H., & West, C.　52

あ　行

伊集院郁子　26
岩田夏穂　29, 35, 197
大津友美　9, 59, 147-150

か　行

串田秀也　30-33, 35, 43-46, 49, 53, 65, 122, 131, 132, 171
高民定　7, 28

さ　行

杉原由美　7, 28

た　行

張瑜珊　4, 21, 22, 26, 73

な　行

中山晶子　23, 24
西阪仰　7, 27, 65
ネウストプニー, J. V.　5, 25

は　行

樋口斉子　26

ま　行

三牧陽子　30, 35
森本郁代　5, 7, 28, 57

や　行

楊虹　26
横田雅弘　3
吉川友子　7, 28

事項索引

A-Z
tying practice　160, 183

あ　行
アイデンティティ　15, 18, 20, 197
遊びとしての対立　9, 58-60, 65, 144, 147, 149, 150, 188, 189
異文化
　——間コミュニケーション　7, 25, 27, 34, 35, 113
エスノメソドロジー　41, 42
応答の不在　49

か　行
カテゴリー
　逸脱した——　60, 189
　同じ——の担い手　7, 29, 30, 34, 35
　——化　9, 28, 29, 54-56, 58, 73, 75, 83, 85-89, 91, 94-96, 98, 99, 102, 103, 105, 107, 113, 116, 118, 127, 136, 139, 143, 150
　——集合　54-56, 76, 80, 82, 89, 106
　——付随活動　56, 86, 182, 183
　共有——集合　76, 78, 80, 81, 89, 91
　対——集合　76, 83, 89, 91
からかい　6, 9, 10, 59, 60, 127, 150, 151, 153, 157, 161, 163, 164, 166-168, 171, 175, 177, 180-184
規則
　一貫性——　55
　経済——　55
　適用——　54, 55
共通経験の語りあい　31, 32, 34
共通の成員性（共 - 成員性）　30-37, 91, 122, 127-130, 134, 136, 141-144
儀礼
　回避——　16
　提示——　16

敬意表現　16
謙遜　77, 86, 90, 142
権力　7, 28, 29, 35
語彙の選択　8, 61, 65
好意　17-20, 22, 111
行為
　——スペース　49, 179, 181
　——スペースの投射　49, 51
　——の構成　8
呼称　61, 76, 89, 106, 126-129, 142, 173, 174
コンテクスト　51-53, 57, 183

さ　行
先取り完了　131, 132, 171
参加の組織化　43, 47-51, 60, 65
シークエンス　21, 22, 61, 65, 129
自己　13-16, 19, 20, 22, 24, 58, 71, 73
　——開示　3, 13-15, 18, 20, 72, 88, 133, 134, 141, 143, 190, 193, 198
　——指向的なふるまい　17
　——呈示　13, 15, 17, 20, 21, 73
　——卑下　6, 9, 34, 35, 58-60, 77, 88-91, 111, 113-116, 118, 127-130, 141-144, 147
親しさ　14, 17-24, 83, 89, 111
社会浸透理論　8, 13-15, 17
社会的連帯感　115, 116
社会文化的文脈　51-53
修復　22, 51, 52, 59, 123
順番のデザイン　61, 65
冗談　9, 76, 91, 127, 147-151, 153, 160, 161, 163, 164, 166, 167, 183, 184
　——関係　10, 148, 150, 153, 156, 183
初期意思決定　72
初対面会話　4, 5, 21, 22, 25-27, 30, 34, 35, 72, 114

215

成員カテゴリー化　6, 9, 28, 56-61, 65, 88, 90, 105, 116-118, 129, 142, 183
　——装置　6, 7, 9, 25, 28, 29, 35, 36, 54, 56-58, 75, 106, 181
選好
　——応答　59, 136, 181
　——構造　43, 49, 60, 65, 115
　非——的な応答　50, 115, 126
全般的な構造的組織　8, 34, 61, 65
相互依存的　17, 20
相互行為　5, 7-9, 15-21, 24, 27-30, 34-36, 41-43, 50-53, 56-58, 60, 61, 73, 76, 111, 149
属性
　固定的——　6, 19, 168, 177, 181-184
　社会文化的——　4, 34

た行

ターン
　——構成単位　44-47, 50
　——テイキング組織　8, 43, 44, 47, 50, 60, 65
　——の移行適切箇所　44
第1対成分　48-50, 116
第2対成分　48-50, 116
対称性、非対称性　29
対人関係の親密化　13, 14
秩序　5, 7, 42, 43, 48, 60
対化された発話　48
テリトリー　16
投射　44-47, 49
　——可能性　44, 47
トラブル　8, 27
　——ソース　155, 157, 163

な行

仲間内のアイデンティティ・マーカー　76, 78, 89, 106, 127

は行

発話の完了可能点　44, 45, 50
場面
　接触——　4-10, 25-30, 36, 37, 72, 73, 150

母語——　5, 26, 27, 30
非母語話者　7, 23, 25, 26
評価　16, 17, 26, 47, 48, 59, 60, 115, 121-124, 127, 128, 138, 139, 142, 163, 179, 183
　第2の——　48, 139, 179
品行　16
フィラー　177
フェイス　6, 8, 9, 16, 17, 19, 20, 24, 34, 36, 58-60, 77, 107, 112, 113, 115, 116, 118, 142, 143, 147
　——・ワーク　16, 17, 19, 36, 60, 77, 85, 90, 147, 188
　——・ワークにおける協力　77, 83, 89, 90, 107
　——侵害　9, 59, 156, 164
　——の保持　22, 111, 112, 115
　ポジティブ・——　76
フレーム　9, 142, 147, 149, 155, 156, 161, 164, 166
方針　9, 16, 41
母語話者　7, 23, 26, 29, 30, 88, 149, 150
褒め　6, 8, 9, 34, 35, 58-60, 65, 75, 77, 89, 90, 107, 111-118, 126-130, 142, 144, 147
ポライトネス
　——理論　26
　ポジティブ・——・ストラテジー　76, 89, 147

ま行

民族誌的背景　53
メタ・メッセージ　148-150

ら行

隣接ペア　43, 47-51, 60, 65, 114, 115, 129, 179
レリヴァンスの理論　94, 95
レリヴァント（関与的）　7
連鎖
　発話——　45, 49, 151
　——構造　8, 10, 21, 37, 58-60, 115, 116
連帯感　18-22, 111

わ行

笑い　8, 59, 127, 143, 147, 181

著者紹介

今田　恵美（いまだ　えみ）

〈略歴〉　大阪府生まれ。大阪大学大学院言語文化研究科博士後期課程修了。
　　　　博士（言語文化学）。2013 年 4 月より立命館大学国際教育推進機構嘱託講師。
〈専門〉　日本語教育学、会話分析。
〈主著〉　「接触場面の初対面会話における"tying-practice"」『日本語・日本文化研究』第 19 号 2009、「留学生と日本人学生の関係形成の様相―歓迎会における自己紹介場面データをもとに―」『大阪大学言語文化学』、第 21 号 2012、他。

対人関係構築プロセスの会話分析

2015 年 2 月 28 日　初版第 1 刷発行　　　　［検印廃止］

　　　著　者　　今田　恵美

　　　発行所　　大阪大学出版会
　　　　　　　　代表者　三成　賢次

　　　　　　　　〒565-0871　大阪府吹田市山田丘 2-7
　　　　　　　　　　　　　　大阪大学ウエストフロント
　　　　　　　　TEL　06-6877-1614
　　　　　　　　FAX　06-6877-1617
　　　　　　　　URL：http://www.osaka-up.or.jp

　　　印刷・製本　尼崎印刷株式会社

© Emi Imada 2015

Printed in Japan

ISBN 978-4-87259-479-9 C3080

　　　　　　Ⓡ〈日本複製権センター委託出版物〉
本書を無断で複写複製（コピー）することは、著作権法上の例外を
除き、禁じられています。本書をコピーされる場合は、事前に日本
複製権センター（JRRC）の許諾を受けてください。

目次

序

漂泊 18　　貧困 20　　犯罪 24

第一部　日陰の人々

第一章　中世における周縁民

周縁民たち 28

良民と賤民 32　　穢れと差別、穢れなさと権力 36　　「穢多」共同体の発展 40

漂泊と差別 44　　非人 48　　漂泊の立役者 50

第二章　江戸期下層のヒエラルキー

社会統制 59　　賤民統制 63　　境界的領域の支配と序列化 67　　周縁の混沌 76

就労 82　　差別・支配・反抗 88　　「月の友」95

第三章 国民国家の周縁で

プロレタリアートの巣窟 102

天皇の下、結集される国民 104　「新平民」、差別と貧窮 113

あからさまな差別から潜在的な差別へ 118　「定義不可能」な「部落民」 123

第四章 大変容

都市の漂泊民たち 128　近代的貧困の発見 132

プロレタリアートの東京、貧困の東京 137　産業化初期の貧困 140

第五章 大日本を支えた労働者たち

労働者階級の周縁へ 143　時代の転換点における下層民とその諸相 146

日雇労働者たち 162　炭鉱労働者・港湾労働者・肉体労働者 168　寄場 178　親方 156

不安定な生活 187

第六章 どんづまりの街

遺産——呪われた界隈の歴史 190　壁なき城砦 203　リズム 206

「ここでは、裸一貫」 213　終点 224　路上——年老い、家もなく 229

下層民——危険かつまつろわぬ階級 237

第二部　やくざ

第一章　江戸の犯罪

無法者 246

都市と犯罪 252　監視と懲罰 259　職業的無法者 264　博徒 268

第二章　義賊

男伊達 275　社会的盗賊行為？ 281　愛国的やくざ 293

やくざ・マフィア・カモッラ 304

第三章　敗戦期のやくざから暴力団まで

新しいやくざ、新しい極右 310 「黒幕」の支配 317 「親分」の物語 324

第四章 やくざの組織・権威・伝統

一家 347 関東のやくざと関西のやくざ 352 大規模組織と新たな活動 357
逆境の若者たち 362 陰なる文化 369 社会的統合 383
民衆的想像力におけるやくざ 390 〈マフィア・モデル〉 402

第五章 あたらしいやくざ

「企業舎弟」412 「カジノ経済」・やくざ・過激主義と政治 425
一九九二年の暴力団対策法以後の再編成 433
周縁的秩序と社会の暗部 446
行商人 455

第六章 露天商

神農崇拝の人々 462 江戸時代の行商人・大道芸人・露天商 464

第七章 路上の花火師たち

祭の仕掛人 472　堅気社会の襞の中で 477

第八章 テキヤ——帰属と拒否

伝統 484　組織 491　テキヤかやくざか？ 496　テキヤの流謫 499

結論 503

原注 511

訳者あとがき 612

文庫版訳者あとがき 625

裏社会の日本史

父の思い出に

人間の歴史は巣窟に映し出される。

ヴィクトル・ユゴー

『レ・ミゼラブル』

序

本書は「日本人」全般を論ずるものではなく、日本のやくざと貧苦の人々についての書である。犯罪や社会の底辺での営みの諸現象を歴史の厚みの中に位置づけ、社会の暗部の諸相を把握し、現代日本の周縁的空間の形成の経緯に光を当てることを目的としている。

本書では、「極道」と貧苦の領域に関する報告書を作成するにとどまらず、歴史学から現地探索に至るまで複数のアプローチを組み合わせ、固有の行動規範や道徳、歴史を有する陰の社会システム形成の過程を捉えること、要するに日本語の表現を借りれば「雑草の文化」とも呼びうるものの諸側面について検討することを試みた。

社会の底辺、犯罪や肉体的快楽といったものにも、各々の歴史がある。主流社会の片隅に追いやられ、江戸時代（十七世紀から十九世紀）の遊郭に見られるごとく、時として表の社会の鏡像、さらに「裏社会」をなすこうした周縁的な世界は、社会全体の機能の性質を解く鍵であり、それゆえ周縁的な世界の理解は過去を知る上で欠かせないものである。社会・経済的要因とは別箇に、こうした周縁性がある時代やある社会階層の心性の陰画となっているからにすぎないとしてもである。現代の繁栄と平和の陰にも、無秩序、暴力、人間的・物質的

貧困、堕落、潜在的な暴力、人知れぬ不幸というものはあり、個々人はいずこにあってもこのような事態への対処に追われるし、そうした事態に立ち至らないよう用心しもするのである。周縁化の様態に歴史性を導入し、換言するなら周縁化をひとつのプロセスの中に置き直し、社会の周縁層と社会全体とを貫き媒介するものを描出し、社会の周縁内部の営みに密着してみるならば、現代の日本社会を総体としてよりよく理解するための手がかりとなろう。

「周縁」とは、軽蔑や排除、さらには抑圧の対象である雑多な社会的階層を指す外延の定かならぬ厄介な概念であり、一般化された定義を与えることは不可能である。本書において「周縁性」という場合には、家柄（以前から差別されていた社会階層への帰属）による社会的落伍に由来するものや、現代社会の中での疎外に由来するものを指す。「周縁性」には、個人的な選択、規範への適応の拒否に起因する場合も含まれる。

こうした問題の他に、もうひとつ問題がある。周縁的な世界は、定義からして不安定なものであり、地域や時代に応じて様々であり、往々にして変動が激しく、また異質で一括りにすることの難しい民衆層で構成されているのである。三つ目の困難として、周囲の社会による周縁層の認識が変貌を遂げてきているという事情がある。

そこで、「周縁民」全般を論じるよりも、周縁的な社会領域に暮らす、ある種の民衆に注目することにした。すなわち社会的階層の「周縁」で生活しているが、確定可能な一領域に組織を有し、陰の文化の担い手であるような人々に注目することにしたのである。こうした人々は、文化の面に関しては規範的な社会から完全に離れることなく、伝統的に受け継がれ

た幾つかの規則、結局、往々にして社会規範の変形に他ならない諸々の規則を遵守する共同体を形成している。とはいえ、集団の規範は所属の感覚を授けるものであり、種々の固有の実践や示差的な印（刺青等）や言葉遣い（隠語）によって受け継がれる。これがやくざやテキヤの場合である。

こうした境界空間の人々は、おそらくはさらに輪郭の不鮮明な境界的空間、すなわち社会の最下層と結局不可分である。零落と貧困はそうした世界の目に見える指標である。しかし社会の底辺には拒絶のサブカルチャーにも似た独特の価値観があり、意識的にか無意識的にか、そのもとに現代の「どんづまりの街」の人間は生きているのである。現代日本の下層民、日雇労働者、監獄、精神病院、暴力団のそれぞれには、必然的な連関がある。こうした世界の内部にはかなりの流動性があり、集団間の行き来は頻繁にある。ある種の運命共同体によって往々にして互いに結びつきを持つやくざ、詐欺師、貧者の文化に、昔ならば街や場末の主だった街道や宿場町で、今日では街路や溜まり場、日雇労働者向けの職業安定所で混じり合う。

特定の身分を持たぬこと、零落することは、封建的世界における社会的周縁の構成要因であり、悲惨の同義語でもある。しかし、周縁性はこうしたことに尽きるものではない。雑多な集団の中に、大きく分けて二つのカテゴリーが存在する。一方が、受け入れ、堪え忍ぶしかない「不如意の」周縁性であり、もう一方が、様々な経路を辿った末に諸々の事情により、個人が選び取る「能動的」周縁性で、後者の場合、前者とは対照的に、盗賊集団の例に見ら